아주 보통의 행복

아주
보통의
행복

평범해서
더욱
소중한

최인철 지음

21세기북스

보통주의자의 행복

자신이 보통의 존재라는 사실을 깨닫는 데
걸리는 시간은 그 사람의 지능에 반비례한다.
감사하게도 타고난 머리에 비해 너무 늦지 않게
보통주의자가 될 수 있었던 까닭은
전적으로 심리학 덕분이다.

한때는 스스로를
특별하다고 생각한 적도 있었지만
이제는 설렁탕 가게에서도
'특'보다는 '보통'을 시킬 정도로
보통주의자가 되었다.

심리학이란 나와 공동체의 행복을 위해
인간에 관한 매뉴얼을 만드는 작업이다.

이 마음가짐으로 행복을 연구하면서 얻은
가장 소중한 교훈이 행복의 평범성이다.
악(惡)이 평범하다지만 행복도 평범하다.

드라마 같은 행복, 예외적인 행복,
미스터리한 행복의 비법을 바라지만
그런 건 없다.
진정한 행복은 아주 보통의 행복이다.

가난과 질병의 질곡에서도
마음의 평화를 누리는
초월적인 행복을 꿈꾸지만,
수입이 적당할 때

좋은 사람들과 소소하게 시간을 보낼 때

우리는 행복을 느낀다.

우리 모두 지극히 보통의 존재이기 때문이다.

이 책은 전작 『프레임』과 『굿 라이프』에 비하면

내용과 형식 모두 보통이다.

그동안 써왔던 칼럼은

1부 '행복에 관한 가벼운 진담'에,

삶에 대한 단상은

2부 '행복에 관한 진지한 농담'에 담았는데

참고문헌과 그래프와 통계를 넣은 전작들이 '특'이라면

이번 책은 그런 걸 쏙 뺀 '보통'인 셈이다.

행복이 세상의 권력이 되었다.

개인을 넘어 기업과 국가의 목표로 격상되었다.

무엇이든 권력이 되면 겁이 나는 법,

그러나 행복은 겁을 먹어야 하는 대상이 아니다.

행복은 '내 삶을 사랑하는 정도'다.
딱 그 정도로만 이해하면 된다.

사랑에 관한 한
사랑하는 사람과 밥을 먹고
이야기를 나누며 함께 즐거워하고,
서로 이해하고 감사해하는 것이 상식적이듯
행복도 그렇다.

아주 보통인 행복,
그래서 더 특별했던 행복을 주시고
돌아가신 사랑하는 아버지
그리고 힘겹게 투병 중이신 어머니께
이 책을 바친다.

PART 2 행복에 관한 진지한 농담

CHAPTER 1 행복에는 특별한 것이 없다

CHAPTER 2　삶을 감탄사로 채우고 싶다면

PART 1

행복에 관한
가벼운 진담

CHAPTER 1

행복의 천재들

평범한 일상을
행복으로 만드는 그들의 비결

행복 천재들의 비밀 병기,
'그냥'

예상할 수 있는 날에 예상할 수 있는 선물을 하는 사람 보다는 아무 날도 아닌 날에 아무런 이유 없이 그냥 선 물하는 사람이 더 고마운 법이다. 누군가를 사랑하는 이유를 물었을 때 이런저런 이유를 대는 사람보다 "그 냥 좋아"라고 답하는 사람에게서 더 깊은 사랑을 느끼 는 것처럼.

행복의 천재들이 그런 사람들이다. 그들은 뜻밖의 시 간에 뜻밖의 선물을 한다. 그들의 선물은 비(非)기념일에 찾아온다. '선물=기념일'이라는 공식에 길들여진 우리가 "왜? 오늘 무슨 날이야?"라고 물을 때, 그들은 "그냥" 하며 웃는다.

우리가 달력을 볼 때, 행복의 천재들은 자기 마음을 본다. 그리하여 우리가 몇 안 되는 기념일을 챙기느라 많은 날들을 그냥 흘려보낼 때, 그들은 자기 마음속 감사의 감정들을 그냥 흘려보내지 않는다. 우리가 소수의 기념일을 핑계 삼아 다수의 비기념일을 평범하게 만들때, 그들은 모든 날들을 비범하게 만든다. 한마디로 행복 천재들은 기념일 프레임에 얽매이지 않는다. 하여그들은 아무 때나 그냥 선물한다.

우리의 선물이 예상한 딱 그 수준에서 이루어진다면, 행복 천재들의 선물은 예상을 넘어선다. 밸런타인데이의 초콜릿이 우리의 선물이라면, 그들은 어느 날 문득

여러 장의 손편지를 보내온다. 우리의 신년 인사가 받는 사람의 이름만 자필로 써넣은 연하장이라면, 그들은 직접 전화를 걸어 새해 덕담을 건넨다. 우리가 회사 로고가 들어간 기념품을 선물할 때, 그들은 받는 사람의 이름을 새겨 넣은 선물을 전한다. 우리의 선물이 우리 자신을 영웅으로 만든다면, 그들의 선물은 받는 사람을 영웅으로 만든다.

그냥 하는 선물이라지만 즉흥적이거나 충동적이지 않다. 오히려 그들의 선물에서는 오랜 시간 숙성된 와인의 향기가 난다. 그들의 선물은 철저하게 준비된 우연이다. 그들은 상대방의 취향을 흘려보내지 않고, 상대방의 가족 이름을 흘려듣지 않으며, 무엇보다 상대방을 잊지 않는다. 그래서 그들의 선물은 오래된 즉흥이며, 계획된 우연이다. 그들이 그냥이라고 말한다고 해서, 원래 있던 거라고 말한다고 해서, 심지어 오다 주웠다고 말한다고 해서 그 말을 곧이곧대로 믿어서는 안 된다.

그냥 선물하는 행위는 우연을 선물하는 행위다. 인간은 우연히 일어나는 좋은 일에서 행복을 느낀다. 행복(幸福)이라는 단어의 한자 풀이가 '우연히 일어나는 좋은 일'이라는 점도 우연이 아니다. 행복의 수준은 관계의 수준을 벗어날 수 없고, 관계의 수준은 '그냥'의 수준을 벗어날 수 없다. 아무런 용건 없이도 그냥 연락하는 친구들이 있다면 당신은 외롭지 않다. 아무런 이유 없이 그냥 선물하고 싶은 사람들이 있다면 당신은 이미 행복한 사람이다.

'그냥'은 행복 천재들이 사용하는 삶의 비밀 병기다. 그들이 어떤 체계적인 연구를 통해 그냥의 힘을 깨달았을 리 만무하다. 행복 천재들은 자신의 삶이 수많은 요인들로 복잡하게 얽혀 있음을, 많은 사람들의 지지와 격려로, 때로는 그들과의 갈등으로 오히려 더 충실해지고 있음을 그냥 알게 되었으리라. 그래서 그냥 선물하고 싶은 것임이 분명하다.

그냥 선물하는 행복 천재들이 우리를 행복하게 하는 진짜 이유는 그들의 존재 자체가 선물이기 때문이다. 그들은 늘 최선을 다해 우리를 대한다. 그들은 늘 최상의 모습으로 우리를 대한다. 그들은 늘 진실한 모습으로 우리를 대한다. 그들과 있으면 마치 일등석에 탄 것처럼 최상의 대접을 받고 있다는 느낌이 든다.

기업과 학교 그리고 국가가 앞다투어 구성원의 행복을 위해 최선을 다하겠다고 선언한다. 고무적인 일이다. 그렇다면 행복 천재들을 본받기를 권한다. 수시로, 그냥 선물하라. 그들의 취향과 필요를 무심히 흘려보내지 말고, 오랫동안 궁리해서 준비된 우연을 선물하라. 자신을 영웅으로 만드는 선물보다 구성원을 영웅으로 만드는 선물을 하라. 그리고 이유를 묻거든 "그냥"이라고 답하라.

무엇보다 구성원을 최고의 모습으로, 최상의 모습으로, 진실한 모습으로 대하라. 고객을 향한 최고의 존중과 최상의 서비스를 외치면서, 정작 자기 구성원을 위협하고 무시하고 무례하게 대한다면 조직의 행복 선언은 차라리 없었으면 좋을 흉물스러운 동상이 되고 말 것이다.

행복 천재들에게서 배우는 행복학 개론의 최고의 가르침. 그냥 선물하라.

행복 천재들은
야구장에 간다

그곳에서는 눈치 보지 않고 당당하게 야식을 먹을 수 있어서 좋다. 층간 소음 걱정 없이 마음껏 소리를 지를 수 있어서 좋다. 외로움이 편만한 세상에서 수많은 내 편을 만날 수 있어서 좋다. 그곳에 가는 사람들과 지하철에서 나누는 무언의 눈인사가 좋다. 그곳이 시야에 들어오면 쿵쾅대기 시작하는 심장 소리가 좋다.

마침내 푸른 잔디와 선수들과 전광판이 눈앞에 펼쳐질 때, 생계와 생활의 저편에서 쾌락과 향유의 이편으로 넘어오는 기적을 경험한다. 야구장에서 경험할 수 있는 모세의 기적인 셈이다.

그러나 야구장에서 경험하는 행복에는 그런 감각적 쾌락만 있는 것이 아니다. 뜻밖에도 야구장은 자기성찰의 장이기도 하다. 수많은 관중이 동시에 열광하는 모습을 볼 때마다, 그 많은 사람들이 「연안부두」와 「부산 갈매기」와 「목포의 눈물」을 부를 때마다 안도현 시인의 시 「너에게 묻는다」가 떠오른다.

연탄재 함부로 발로 차지 마라
너는
누구에게 한 번이라도 뜨거운 사람이었느냐[1]

---

1   안도현, 「너에게 묻는다」, 『외롭고 높고 쓸쓸한』(문학동네)

과연 나는 한 번이라도 누군가를 이토록 행복하게 해준 적이 있는가. 우리 사회에서 과연 누가 이렇게 많은 사람들을 이처럼 행복하게 해줄 수 있는가. 이렇게 자문할 때마다 감사를 경험하고 겸손을 다짐한다.

야구장은 인간의 경이로움 앞에서 탄성을 자아내는 자리이기도 하다. 투수의 손을 떠난 공은 우리 눈이 궤적을 추적할 수 없을 정도의 빠른 속도로 타석을 향해 날아온다. 공을 끝까지 보라는 조언은 현실과는 먼 이야기이다. 날아오는 물체가 가까워질수록 체감 속도가 늘어나기 때문에 공을 끝까지 보는 것은 불가능하다.

따라서 타자들은 공이 투수의 손을 떠나는 순간 이미 공이 타석의 어느 곳으로 들어올지를 예상하고 스윙을 시작해야 한다. 공이 배트에 맞는 순간을 본다고 알려진 메이저리그의 전설 테드 윌리엄스조차도 그것이 불가능함을 고백한다. 그럼에도 불구하고 선수들은 경이로울 정도로 공을 잘 쳐낸다.

선수들의 스윙이 저절로 만들어졌을 리 없다. 수많은 피, 땀, 눈물과 반복이 만들어낸 스윙임이 틀림없다. 어디 타자뿐이겠는가. 낙하지점과 타이밍을 기가 막히게 예측해 그림 같은 수비를 해내는 수비수들은 또 어떠하며, 투수의 강속구와 변화구는 또 어떠한가. 야구장은 이런 경이로움이 쉴 새 없이 연출되는 무대다.

야구장은 역설적이지만 명상의 장이기도 하다. 야구장에서는 종종 자아가 사라지는 경험을 하게 된다. 타인의 시선에서 자유로워지고 온전히 공 하나에 집중한다. 경기에 집중할수록 함성은 커지지만 의식은 또렷해지고 마음은 천천히 움직인다.

철학자이자 경제학자였던 존 스튜어트 밀(John Stuart Mill)이 자서전에서 말한 것처럼, 자기 자신이 아니라 외부 세계에 집중하는 경험, 수단으로서의 행위가 아니라 그 자체가 목적인 행위에 집중하게 된다. 지긋지긋한 자의식의 감옥에서 해방되어 몰아의 경지에 도달한다. 이것이 곧 명상이 아니던가.

자아가 사라지니 행동이 자유롭다. 점잖은 사람도 상대 선수를 욕한다. 그런데 상스럽지가 않다. 누군가는 벌떡 일어나 춤을 춘다. 누군가는 카메라를 피하기는 커녕 대놓고 연인과 뽀뽀를 한다. 규제와 절제와 억압이 가득한 도시의 한복판에서 원초적 자유를 경험한다. 삶의 자기결정권이 최대한 발휘되는 장소가 바로 야구장이다.

그렇게 소리 지르고 욕설을 퍼부었는데도 경기가 끝나

고 나면 상대편에 대한 미움이 아니라 존경과 연민이 생겨난다. 모두가 해방의 경험을 했기에 미움보다는 우정이, 질투보다는 존경이 생겨나는 것이다.

좋아하면 응원하지만 응원하면 좋아하게 된다. 야구를 좋아해야만 야구장에 간다고 생각하지만 야구장에 가면 야구를 좋아하게 된다. 그리고 야구장에 가면 뜻밖에도 감각의 즐거움뿐 아니라 감사와 겸손과 경이로움과 명상과 자유를 경험하게 된다.

코로나19가 잠잠해지면 우리 모두가 달려가야 할 곳이 야구장이다. 꼭 야구장뿐이겠는가. 축구장도, 농구장도, 콘서트장도, 극장도 우리 뇌에는 모두 야구장이다. 열광하는 것 하나쯤 가슴에 품고 사는 것이 행복이다.

당신의 야구장은 어디인가?

행복 천재들은
좋아하는 것이 많다

선택이란 누군가에게는 즐거움이지만 누군가에게는 고통이다. 누군가에게는 기회이지만 또 다른 누군가에게는 형벌이다. 그 고통을 아는 사람들이 만들어낸 메뉴가 바로 '아무거나'다. 어떤 음식이 나올지 모르는데도 '아무거나'라는 무모한 선택을 하는 이유는 그것이 선택의 고통으로부터 우리를 구원해주기 때문이다. 자기가 무엇을 먹고 싶은지조차 스스로 결정할 수 없다는 자괴감에서 우리를 해방시켜주기 때문이다.

요리사를 전적으로 신뢰하는 경우라면 아무거나를 선택하는 것이 최고의 존경의 표시일 수 있다. 참을 수 없을 정도로 배가 고픈 경우에도 아무거나 시킬 수 있다. 이런 경우들이라면 아무거나를 선택하는 심정을 충분히 이해할 만하다.

그러나 선택의 고통을 피하기 위한 습관적 고육지책으로 '아무거나'를 남발하고 있다면, 음식뿐 아니라 삶의 많은 영역에서 이 같은 도피성 선택을 반복하고 있다면 자신을 되돌아볼 필요가 있다. 음식도 아무거나, 영화도 아무거나, 여행도 아무 데나, 심지어 직업도 아무거나…. 모든 것이 아무거나라면 답은 둘 중 하나다. 내공이 아주 깊은 사람이거나 전혀 행복하지 않은 사람이거나.

행복 천재들은 좋아하는 것에 관한 한 천재다. 행복 천재들은 좋아하는 것이 많다. 또한 자신이 좋아하는 것이 무엇인지 명확하게 알고 있다. 좋아하는 것이 분명하고 많으면 마음속에 '관심'이 가득하다. 그러나 싫어하는 것이 분명하고 많으면 마음속에 '근심'이 가득하다. 싫어하는 사람들, 싫어하는 일들, 싫어하는 장소들을 피해야 하기 때문이다.

행복 둔재들은 싫어하는 것에 관한 한 천재다. 하고 싶은 일은 별로 없어도 하기 싫은 것은 많다. 좋아하는 것을 물으면 "아무거나"라고 하지만, 싫어하는 것을 물으면 단호하게 대답한다.

이를 실증적으로 뒷받침하는 연구가 최근에 서울대학교 행복연구센터에서 진행되었다. 참가자들에게 자신이 좋아하는 것과 싫어하는 것을 각각 1분 동안 자유롭게 적어보도록 했다. 무엇을 적어도 상관이 없었다.

그런 뒤 각 참가자가 현재 느끼는 행복의 정도를 별도의 방법으로 측정한 다음 그들이 주어진 시간 내에 얼마나 많이 적었는지, 얼마나 독특한 것을 적었는지, 또 얼마나 구체적으로 적었는지를 살펴보았다. 그리고 좋아하는 것과 싫어하는 것을 적는 일이 얼마나 어려웠는지도 물었다.

결과가 매우 흥미로웠다. 행복감이 높은 참가자들일수록 좋아하는 것을 많이 적었을 뿐 아니라 범주도 다양했다. 또한 좋아하는 것에 대한 설명도 아주 구체적이었다.

예를 들어 행복감이 낮은 참가자들이 '음악 듣기'를 좋아한다고 적는다면, 행복감이 높은 참가자들은 '한적한 버스나 기차에서 노래 들으며 책 읽기'를 좋아한다고 적는 식이었다. 뿐만 아니라 행복한 참가자들은 좋아하는 것을 적어내는 일이 어렵지 않다고 보고했다. 반면 행복감이 낮은 참가자들은 좋아하는 것을 적어내는 일을 매우 어려워했다. 다른 사람도 아니고, 자기 자신이 좋아하는 것을 적게 했는데도 말이다.

혹시 적어낼 범주를 정해주지 않고 '아무거나' 쓰라고 해서 이런 결과가 나온 것이 아닌가 싶어, 후속 연구에서는 '좋아하는(싫어하는) 사람', '좋아하는(싫어하는) 장소'처럼 구체적인 범주들을 제시했다. 그래도 결과는 마찬가지였다. 행복한 사람들은 좋아하는 사람과 장소를 쉽게 많이 적어냈지만, 행복감이 낮은 사람들은 여전히 이것들을 어려워하며 적게 적어냈다.

반면 싫어하는 사람과 장소를 적어내게 했을 때는 결과가 역전되었다. 행복한 사람들은 싫어하는 것을 많이 적지 못했지만, 행복감이 낮은 사람들은 더 많이 적어냈다. 행복한 사람들의 머릿속이 좋아하는 것들로 가득 차 있다면, 행복감이 낮은 사람들의 머릿속은 싫어하는 것들로 가득 차 있는 것으로 보인다.

이처럼 행복한 사람들은 좋아하는 것을 '많이' 가지고 있기도 하지만, 좋아하는 것을 '빨리' 고르기도 한다. 참가자들에게 어떤 범주에서 열 개의 항목을 제시하고 (예를 들면 색깔에서 노랑, 빨강, 초록 등), 이 중 가장 좋아하는 것을 고르게 했다. 그리고 좋아하는 것을 선택하기까지의 반응시간을 컴퓨터로 측정했다. 그 결과 행복한 사람들은 그렇지 않은 사람들에 비해 반응시간이 훨씬 짧은 것으로 나타났다. 자신이 좋아하는 것을 분명히 알고 있다는 증거다.

이제 우리는 지능이 뛰어난 천재들만 길러낼 것이 아니라, 좋아하는 것의 천재들을 길러내야 한다. 좋아하는 것과 싫어하는 것에 대한 선호는 선천적이기도 하지만 다분히 후천적이다. 좋아하는 것이 많은 사람과 어울리면 좋아하는 것들이 많아진다. 좋아하는 것이 무엇인지를 묻는 것이 일상화된 사회에서 살면 좋아하는 것들이 명확해진다. 우리가 서로에게 던져야 할 질문은 자식의 학벌이나 통장의 잔고가 아니라 좋아하는 것의 잔고다.

행복 천재들은
간섭하지 않는다

대한민국은 지금 간섭과 조언의 경계에서 아슬아슬한 줄타기를 하고 있다. 삐끗하면 간섭으로 오해받을 수 있다는 불안감에 조언은 잔뜩 몸을 사리고 있고, 간섭은 진정성 있는 조언의 모양을 갖추지 않으면 갑질이라는 시대적 형벌을 피할 수 없게 되었다.

이쯤 되면 타인의 삶에 대한 부당한 참견이 자취를 감출 만도 한데 아이러니하게도 대한민국은 '간섭 사회'의 모습을 점점 더 견고하게 갖춰가고 있다. 간섭받지 않는 삶에 대한 욕망이 그 어느 때보다 커졌지만 타인의 삶에 간섭하려는 시도 역시 커지고 있다.

모두가 모두에게 간섭할 정당성을 부여받은 양, 간섭의 범위는 가족, 친구, 조직을 넘어 불특정 다수에게로 확산되고 있다. 어른들은 '쓴소리'라는 이름으로, 네티즌들은 '알 권리'라는 이름으로 타인의 삶에 무례하고 무분별하며 무차별하게 끼어든다. 인터넷 댓글에는 타인의 지극히 사적인 영역에 대한 무례한 간섭과 잔인하고도 무책임한 참견이 넘쳐난다.

우리 사회가 간섭 사회로 향하게 된 이유는, 생활의 경계는 개인주의적인데 '자기(self)'의 경계가 집단주의적이기 때문이다. 다시 말해 집단주의적 자기를 가지고 개인주의적 삶을 추구하다 보니 간섭을 싫어하면서도 간섭을 하게 되는 덫에 걸리게 되었다는 뜻이다.

모두가 개인의 취향을 추구하지만 결과적으로 모두가 동일한 선택을 하게 되는 현상이 그런 예다. 겨울에 중고등학교 교실을 보라. 학생들 모두가 개인의 취향을 추구하지만 모두가 똑같은 검은색 롱패딩을 입고 있지 않은가?

간섭도 마찬가지다. 간섭받지 않을 개인주의적 가치를 '위계'와 '집단'을 중시하는 집단주의적 자기가 실천하다 보니 모두가 간섭받지 않을 자유를 추구하지만, 모두가 타인의 삶에 간섭하는 역설을 보이는 것이다.

이쯤에서 생각해볼 사람들이 행복 천재들이다. 행복 천재들은 간섭이라는 바이러스가 없는 무균의 라이프 스타일을 추구하는 사람들이다. 그들은 자유의 공기를 만끽하기 위해 일부러 낯선 도시를 여행하는 존재들이고, 평가와 감시와 비교가 존재하지 않는 제3의 공간을 가지고 있는 존재들이다.

그들은 자기만의 세계를 구축하기 위해 문화를 즐기고 예술에 탐닉하는 존재들이다. 그들은 남들의 시선이 존재하지 않아도 불편해하지 않으며, 자연 속에서, 어둠 속에서 자발적 격리를 실천하는 존재들이다. 그들은 소유의 억압을 피하기 위해 경험을 구매하는 존재들이고, 자기만의 시간을 확보하기 위해 돈으로 시간을 사는 존재들이다. 그들의 모든 행위는 자유를 향하고 있다.

행복 천재들은 여기서 한 걸음 더 나아간다. 그들은 간섭받지 않을 뿐 아니라 타인을 간섭하지도 않는다. 조언이라는 이름으로 타인의 기를 꺾는 쓴소리를 하지 않는다. '몸에 좋은 약이 입에 쓰다'는 비유를 들어 부당한 참견을 정당화하지 않는다. 어른으로서 '한마디'

하라는 전통 의식에도 동참하지 않는다. 굳이 한마디 해야 한다면 그저 격려하고 축하하고 감사해한다.

훈계하기 좋아하는 꼰대들을 상대로 흔히 하는 말처럼 지갑은 열고 입은 닫는다. 행복 천재들은 늘 남들이 열심인 일에 한가하고 남들이 한가한 일에 열심인 법인데, 간섭에서도 예외가 아니다.

이와 달리 행복 둔재들은 빈번한 간섭을 통해 자기 스스로를 억압한다. 간섭을 정당화하기 위해 타인의 삶에 집중한다. 자기가 옳다는 것을 증명하기 위해 타인의 실수와 실패와 단점을 찾는 데 몰두한다. 타인의 실패를 통해 '샤덴프로이데(schadenfreude, 타인의 불행을 통해 경험하는 쾌감)'를 경험하지만 그 쾌감은 결코 오래가지 않는다. 간섭하기가 행복에 불리한 이유는 간섭이 삶의 중심을 '자기'에게서 '타인'으로 바꿔놓기 때문이다.

행복 천재들이 설핏 자기밖에 모르는 사람들로 비칠 수도 있다. 만일 그런 생각이 든다면 의심해보라. 그 생각 자체가 간섭 사회의 산물이 아닌지, 나이와 성과, 직위와 학력으로 강고하게 위계가 세워진 세상에서 수천 년 동안 생성된 간섭 DNA가 만들어낸 생각이 아닌지 의심해보라. 간섭을 통해 자신의 존재감을 확인하려는 집단주의의 산물은 아닌지, 내면의 불안을 감추기 위해 타자의 약점을 파고드는 방어기제는 아닌지 의심해보라. 진정, 타인의 행복을 위한 관심인지 자문해보라.

우려와는 달리 행복 천재들은 타인의 삶에 무관심하지 않다. 그들은 누구보다도 이타적이며 공동체적이다. 그들은 타인의 행복을 적극적으로 응원한다. 다만 경계를 지킨다. 왜냐하면 행복의 본질이 거기에 있다는 것을 잘 알고 있기 때문이다.

결심 리스트에 '간섭하지 않기'를 추가해본다. 간섭 본능과의 위대한 싸움을 시작하겠다고 결심해본다. 최소한 한 말씀 하라는 달콤한 유혹에 넘어가지 않겠다고 다짐해본다.

행복 천재들에게는
아지트가 있다

어쩌면 우리는 습관이 몸에 배도록 노력하라는 가르침의 희생양인지도 모른다. 습관이 몸에 밴다는 말은 어떤 상황에 처하더라도 같은 행동을 반복한다는 의미를 담고 있는데, 이 말처럼 억압적이고 틀린 말도 없다.

공부하는 습관이 몸에 밴 학생을 상상할 때 우리는 버스에서건 지하철에서건 심지어 식당에서조차 손에서 책을 놓지 않는 학생을 떠올린다. 그러나 소수의 예외를 제외하면 보통의 존재들은 도서관에서는 공부에 집중하지만 버스에서는 잠을 잔다. 이상하게 집에서는 집중이 안 되지만 카페에서는 공부가 잘되는 묘한 존재가 우리들이다.

습관은 몸이 아니라 공간에 밴다. 습관에 대해 버려야 할 가장 큰 오해는 습관이 시간과 공간이라는 맥락에 구애받지 않는 행동이라는 착각이다. 습관은 일정한 시간과 장소에서 반복하는 행위다. 시간과 장소에 상관없이 반복되는 행위가 아니다. 묘하게 거기만 가면 자연스럽게 하게 되는 행위가 습관의 본질이다.

따라서 공부하는 습관이 몸에 밴 사람이란 장소를 불문하고 공부하는 사람이라기보다는 일정한 시간에 일정한 공간으로 가는 사람이다. 공부하는 습관을 갖게 해달라는 부모님의 소원을 성취해드리기 위해 자기 방에 스스로를 감금한 채 자괴감에 몸부림치는 존재가 아니라, 늘 같은 시간에 동네 카페나 독서실 같은 장소로 무심하게 떠나는 사람들이다. 공부하는 습관을 길러주는 부모란 공부하는 본보기를 보여주기 위해 아이 옆에서 억지로 책을 읽는 존재가 아니라, 공부가 잘되는 장소로 아이를 떠미는 사람들이다.

공간은 특정한 행동을 유도하는 자동항법장치 같은 존재다. 술집에만 가면 담배를 피우는 사람들이 있고, 골프장에만 가면 시가를 피우는 사람도 있다. 평소에는 담배를 피우지 않지만 묘하게 그곳에만 가면 담배 생각이 난다는 사람들이다. 실제로 담배를 피우고 싶은 욕망이 언제 어디서 생겨나는지를 분석한 연구에 따르면 사람들은 담배를 판매하는 장소에 들렀을 때 흡연 욕구를 강하게 느낀다고 한다.

'그럴 사람이 아닌데…' 부도덕한 행위를 한 사람을 두고 주변 사람들이 흔히 보이는 반응이다. 그들의 놀람은 거짓이 아닐 가능성이 높다. 왜냐하면 그 사람이 주변 사람들과 어울렸던 맥락과 공간들은 일탈을 유도하는 공간이 아니었기 때문이다. 회의실에서, 엘리베이터에서, 함께한 식사 자리에서 그의 행동은 늘 점잖고 신사적이었을 것이다. 그러나 그 사람도 묘하게 특정 장소에 가면, 거기에 특정 사람까지 더해지면 유혹을 이겨내지 못할 가능성이 크다.

대부분의 사람들에게는 자신을 취약하게 만드는 공간과 사람의 조합이 있다. 평소에는 그렇지 않았던 사람을 일탈로 이끄는 은밀한 조합이 있는 것이다. 행동을 조심하고 싶다면 결심만 할 것이 아니라 그 장소를 피해야 한다. '그 사람과 그 장소'라는 최악의 조합을 피해야 한다. 우리의 행동이란 'If~ then'의 조합이기 때문이다.

'정말 개과천선했네.' 선한 모습으로 180도 바뀐 사람을 보고 우리가 보이는 반응이다. 물론 결정적 회심의 한 방이 있었을 수 있다. 신을 만나는 것과 같은 신비 체험을 했을 수도 있고, 불치병 선고를 받았을 수도 있다. 그러나 그런 극적인 사건보다는 '어떤 사람과 어떤 장소'의 조합을 경험하면서 새로운 습관이 생겨났을 가능성이 크다.

자원봉사를 하는 사람들에게 봉사의 계기를 물으면 가장 흔한 대답은 '권유를 받았다'이다. 누군가가 함께하자고 제안했기 때문이지, 인류애가 갑자기 생겨났기 때문이 아니다.

환경에 대한 갑작스러운 관심이 생기는 것은 쉽지 않다. 누군가의 권유로 어떤 장소에 일정하게 가다 보면 어느 순간 환경주의자도 되고 자원봉사자도 되는 것이다.

행복 천재들은 마음을 다잡기 위한 결심만 하는 것이
아니라 일정한 시간에 일정한 장소로 간다. 그들의 행
복 습관이 공간에 배어 있기 때문이다.

행복 천재들은 굳이
알 필요 없는 것들은 모른다

굳이 알 필요가 없는 것들이 우리 마음을 오염시키고 있다. 그것들이 마음의 영토를 속속 점령해가는 동안, 우리는 저항은커녕 알 권리라는 이름으로 오히려 그들을 환대하고 있다. 정현종 시인의 시 「방문객」처럼 세상은 가십과 스캔들을 지극 정성으로 환대한다. 아침에 눈을 뜨는 순간부터 잠자리에 드는 순간까지 세상의 모든 소식을 하나라도 놓치지 않으려고 사람들은 한순간도 스마트폰을 손에서 놓지 않는다.

사람이 온다는 건

실은 어마어마한 일이다.

그는

그의 과거와

현재와

그리고

그의 미래와 함께 오기 때문이다.

한 사람의 일생이 오기 때문이다.[2]

그렇다. 실시간 이슈들이 온다는 것은 실은 어마어마
한 일이다. 내 삶의 과거와 현재 그리고 미래와 함께 오
기 때문이다. 굳이 알 필요가 없는 것들을 대하는 우리
의 마음이다.

2   정현종, 「방문객」 중 부분, 『광휘의 속삭임』(문학과지성사, 2008)

실력은 알아야 할 것들을 알수록 커진다. 그러나 행복은 굳이 알 필요가 없는 것들을 모를수록 커진다. 행복을 결정하는 요인이 어디 한두 가지일까만 굳이 알 필요가 없는 것들을 너무 많이 아는 것도 행복감을 떨어트린다.

각종 스캔들로 인해 우리는 일부 연예인의 사적인 대화 내용을 너무 많이 알게 되었다. 살면서 한 번이라도 마주칠 수 있을까 싶은 검사들의 이름도 지나치게 많이 알게 되었다. 누가 누구의 라인인지, 그가 어느 부서에서 어느 부서로 좌천되었는지도 알게 되었다.

그렇게 굳이 알 필요 없는 것들이 마음에 들어오면서 정신적 고통과 관계의 갈등을 경험해야 했고, 정작 더 중요한 것들을 위해 비워놓아야 할 마음의 여백이 사라졌다.

윈스턴 처칠은 자신의 왕성한 활동 비결을 묻는 사람에게 "앉을 수 있는 상황에서는 결코 서 있지 않고, 누울 수 있는 상황에서는 결코 앉아 있지 않는 것"이라고 답했다. 에너지 보존의 법칙이다. 마음도 이 법칙의 지배를 받는다.

굳이 알 필요가 없는 것들에 대한 무관심은 마음의 힘을 비축하는 행위다. 유일한 대화 주제가 가십과 스캔들뿐인 사람을 멀리하는 것도 마음의 힘을 축적하기 위한 행위다. 알 권리라는 이름으로 알 가치가 없는 내용들을 폭로하는 사람들과는 담을 쌓아야 한다.

마음은 보호받아야 할 연약한 대상이다. 자연만큼이나 지켜내야 할 대상이다. 마음은 결심 한 번으로 바뀌는 대상도 아니다. 언제든 마음만 먹으면 마음속 찌꺼기들이 사라지는 것도 아니다. 인터넷 접속은 하루 세 번이면 충분하다. 문자나 카톡, 이메일을 실시간으로 확인하지 않으면 큰일이 생기는 사람은 극소수다.

알 권리와 알 가치의 불균형을 바로 잡아야 한다. 마땅히 알아야 할 것을 모르는 무식함도 부끄러운 일이지만 굳이 알 필요가 없는 것들을 너무 많이 아는 것도 부끄러운 일이다. '제가 그런 것까지 어떻게 알겠어요? 하하!' 이 말을 자주 써야 한다. 소문에 느리고 스캔들에 더딘 삶이 좋은 삶이다.

이제 세상에 대해 위대한 저항을 시작해야 한다. 모두가 실시간성에 집착할 때, 한 박자 늦는 사람이 되기로 결심해야 한다. 습관적으로 스마트폰을 켜는 행위에 반기를 들어야 한다. 끊임없이 접속하느라 분주한 것 같지만 실은 게으른 것이요, 적극적으로 세상을 탐색하는 것 같지만 실은 단 한 발짝도 세상을 향해 나아가지 않는 나태다. 바쁨을 위한 바쁨일 뿐이다. 굳이 알 필요가 없는 것들에 대한 무관심이야말로 세상에 대한 가장 적극적인 관심이다. 행복 천재들의 또 하나의 비밀 병기다.

행복 천재들은
여행을 간다

여행이 그립다. 일상이 지겨워서만은 아니다. 역마살이 낀 탓도 아니다. 이국적 음식이야 우리나라에서도 웬만큼은 즐길 수 있으니 그것도 이유는 아니다. 도대체 이다지도 여행이 그리운 건 왜일까?

절대다수의 사람이 마음속에 품고 있다는 버킷리스트. 미국의 한 조사에 따르면 미국인의 90퍼센트가 버킷리스트를 가지고 있다. 그 내용을 분석한 연구를 보면 한 가지 흥미로운 점이 발견된다. 버킷리스트는 산티아고 순례길, 타지마할, 그랜드 캐니언, 고비 사막 등 '반드시 가봐야 할 곳'으로 가득하다는 점이다. 죽기 전에 꼭 해보고 싶다는 그 간절한 것들 속에, 고단한 삶의 무게를 견뎌내게 해주는 그 희망 리스트 속에 왜 이국으로의 여행이 1순위일까?

인간이 천성적으로 인류학자여서 DNA 속에 다른 문화에 대한 호기심이 있어서일까? 그럴지도 모른다. 아니면 여행 산업이 만들어낸 허상에 우리가 세뇌되었기 때문일지도 모르겠다. 여행이 행복을 위한 최고 수단이라는 어느 행복심리학자(누구인지는 공공연한 비밀)의 주장에 설득되었기 때문일 수도 있다.

그러나 근본적인 이유는 아니리라. 여행은 관광이 아니다. '수동적인 봄(gazing)'이 아니라 낯선 곳에서 나를 만나는 자기발견의 경험이다. 자신을 발견하고 사유하고 재창조하는 과정을 통해 삶의 의미를 발견하는 작업이 여행이다. 여행은 새로운 자기를 잉태한다. 취준생이나 대학원 지원자들이 자기를 소개하는 글에 여행에 얽힌 이야기를 단골로 거론하는 것도 이 때문이다.

여행에서 돌아올 때 우리는 '새로운 시작'이라는 선물을 들고 온다. 일상의 시작과 끝이 자연적 시간의 흐름에 의해 규정된다면, 인생의 시작과 끝은 의미 있는 경험에 의해 규정된다. 여행은 새로운 시작을 알리는 의식이자 과거와의 단절을 선언하는 절차다. 아쉽게도 코로나19로 인한 지금의 일상은 시간이 어떻게 흐르는지 느끼지 못할 정도로 단조롭다. 시간에 리듬이 없고, 맺고 끊는 맛이 없다. 자연적 시간만 존재할 뿐, 의미의 시간은 멈춰 섰다.

버킷리스트의 또 다른 특징은 단순히 여행 장소만 나

열하지 않고, 어떤 방법으로 가서 어떤 방법으로 즐길 것인지에 관한 내용이 아주 구체적으로 제시되어 있다는 점이다.

"페루의 마추픽추는 꼭 걸어서 구경하라."
"도쿄에서 초밥을 제대로 즐기려면 츠키지 시장의 노포를 가라."

여행은 오감을 자극하는 경험을 제공한다. 이런 구체성은 경험을 극대화하기 위한 수단이다. 생계를 위한 단조로운 일상의 반복 때문에 무뎌질 대로 무뎌진 감각을 망치로 부수듯 깨어나게 하는 작업이 여행이다. 여행을 통해 비로소 자신이 살아 있는 듯한 느낌을 경험하는 것은 바로 이 때문이다. 억지웃음과 어색한 추임새들, 그 수많은 감정 노동으로 인해 지친 자신의 영혼에 불을 밝히는 심폐소생술이 여행이다.

만일 인간에게 자의식이 없다면, 그리고 진정한 자기에 대한 갈망이 없다면 여행은 결코 그리움의 대상이 될 수 없을 것이다. 결국 여행이란, 인간이 의미를 추구하는 존재이며, 진정한 자기를 추구하는 존재라는 점에서 그 가치를 지닌다.

지금 여행이 그리운 것은 지루하게 반복되는 일상에서 새로운 시작을 제공해주던 의식이 사라지고, 삶에 대한 의미를 발견하게 해줄 장치가 사라졌기 때문이다. 지금 여행이 그리운 것은 잔뜩 움츠린 우리의 감각들을 소생시켜줄 기회가 사라졌기 때문이다. 사회학자 앤서니 기든스(Anthony Giddens)의 표현을 빌리자면 '운명적 순간(fateful moments)'을 만나거나, 사진작가 앙리 카르티에 브레송(Henri Cartier-Bresson)의 말대로 '결정적 순간(critical moments)'을 발견하는 기회가 우리 삶에서 사라졌기 때문이다.

그런데 모든 순간이 결정적 순간이었다는 브레송의 뒤늦은 깨달음이 옳다면, 여행을 통해 얻고자 했던 모든 운명적 만남과 결정적 순간은 이미 일상에 존재하고 있는 것이 아닐까? 이국으로의 여행을 감히 계획할 수 없는 지금, 우리가 취할 수 있는 최고의 자세는 일상을 여행처럼 사는 것이 아닐까라고 마음을 다잡아본다.

두 발로 시내를 걸어보는 것, 하루 세끼를 여행을 온 것처럼 계획하고 즐겨보는 것, 하루 정도는 낮부터 와인에 취한 채 이글스의 「호텔 캘리포니아」를 크게 틀어놓고 감상하는 것.

아… 아무리 일상을 여행처럼 살아보려 노력해도, 그래도 여행이 그립다. 바이러스의 위협이 사라지자마자 우리가 해야 할 첫 번째 일은 여행이다.

행복 천재들은
오해하지 않는다

오해를 습관적으로 하는 사람들과 지낸다는 건 매우 피곤한 일이다. 그들은 끊임없이 우리의 선의를 의심한다. 모든 행동에 대해 일일이 설명해줄 것을 요구한다. 물론 설명해주어도 믿지 않는다.

우리의 감정은 그들로 인해 혹사당하기 일쑤다. 지옥도 그런 지옥이 없다. 오해에 특화된, 오해가 특기인, 그래서 오해가 습관인 그런 사람들과 어울리지 않는 것이 최고의 행복 중 하나다.

천국은 오해하지 않는 사람들이 모여 사는 곳이다. 그곳은 오해 청정 지역이며 그곳에 사는 사람들은 오해 무균자들이다. 오해 무균자들은 타인의 선의를 믿기 때문에 그들의 실수에 관대하다. 그들에게는 음모론이 설 자리가 없다. 오해 청정 지역에 살고 있기 때문에 자기 행동을 정당화해야 한다는 강박에 사로잡히지 않는다. 해명 요구에 시달리지 않기 때문에 방어적이지 않으며, 매 순간 자기 행동에 최고조로 몰입한다.

오해가 습관인 사람들을 어떻게 알아차릴 수 있을까? 오해의 본질을 들여다보면 그들이 어떤 사람인지 알아낼 수 있는 단서가 포착된다.

오해는 기본적으로 타인의 행동을 부정적으로 해석하는 데서 생겨난다. 타인의 선한 행동에는 이기적인 의도가 숨어 있을 거라고 해석한다. 타인의 좋지 않은 행동은 돌발적인 상황 때문에 생긴 실수가 아니라, 그 사람의 본성과 의도가 만들어낸 결과라고 해석한다. 이것이 오해의 본질이다.

오해의 또 하나의 본질은 타인에 대한 적대감이다. 오해가 습관인 사람들은 세상을 만인 대 만인의 투쟁이라고 본다. 결국 그들은 세상을 보는 방식이 기본적으로 부정적이며 적대적이다. 극히 일부 사람들을 제외하고는 세상에 믿을 사람이 없다고 생각한다. 그들의 마음속에 불신과 부정이 가득하기 때문에 그 마음에는 행복이 깃들 여지가 없다. 결국 습관적으로 오해하는 사람들은 습관적으로 불행한 사람들이다.

심리학 연구에 따르면 행복한 사람이 그렇지 않은 사람에 비해 타인을 평가할 때 관대하다. 이들은 타인의 행동을 가급적 긍정적으로 해석한다. 예를 들어 누군가가 자신에게 도움을 요청하면 정말 그 도움이 절실하게 필요한 상황일 거라고 생각한다. 반면에 행복하지 않은 사람은 자신을 착취한다거나 자신을 호구로 본다고 의심한다. 누군가가 자신에게 선의를 베풀면 행복한 사람은 그 마음을 고마워하지만 행복하지 않은 사람은 상대방을 경계하거나 의심한다.

행복한 교수들이 그렇지 않은 교수들보다 추천서를 더 잘 써준다는 연구 결과도 있다. 학생에게서 긍정적인 면들을 더 잘 발견해내기 때문이다. 행복감이 매우 낮았던 어느 교수의 추천서를 훔쳐본 한 학생의 절규가 이를 잘 대변해준다.

"제 추천서는 단 두 줄이었어요."

행복의 천재들은 오해를 잘 하지 않는다. 그들이라고

오해할 일이 없을까만 그들의 오해는 습관이 아니다. 그들의 오해는 산발적이며 오래 가지도 않는다.

오해를 자주 하는 사람들이 사실은 매우 불행한 사람 이라는 점을 알고 나면 오해하는 사람들에 대한 두려 움이 줄고 오히려 그들에 대한 연민이 생겨난다. 행복 감이 낮은 사람들은 습관적 오해로 인해 사람들을 잃 는다. 습관적으로 음모론을 제기하기 때문에 신뢰를 잃게 마련이다. 그러니 오해로 인해 고통받고 있다면, 그리고 상대가 습관적으로 오해하는 사람이라면 염려 할 필요 없다. 그들은 자신들의 오해로 인해 이미 불행 한 사람들이기 때문이다.

오해가 습관인 사람들을 멀리해야 한다. 혹시라도 그 들로부터 침투된 오해균(誤解菌)이 있다면 타인의 선의 를 믿는 것, 그리고 타인의 행동이 실수였을 수도 있다는 생각의 여유를 갖는 연습을 해야 한다. 무엇보다 오해하지 않는 사람들과 어울려야 한다. 그들과 어울리다 보면 우리 안의 오해균은 자연스럽게 소멸된다. 덤으로 그런 사람들과 어울릴 때 지상 최고의 천국을 경험하게 된다.

천국에는 오해가 없다.

행복 천재들은
공격수다

홍해가 갈라지듯 세상이 두 쪽으로 갈라진 듯하다. 한쪽 세상은 감염과 죽음에 대한 두려움으로 집요할 정도로 검사와 격리를 진행한 덕에 점차 삶의 기운을 되찾아가고 있다. 다른 한쪽 세상은 근거 없는 자신감 때문에 사태를 수습할 타이밍을 놓친 채 여전히 비틀거리고 있다.

코로나19가 둘로 갈라놓은 건 국가만이 아니다. 개인들도 두 부류로 나뉘었다. 감염과 죽음에 대한 공포, 자신의 동선이 공개되는 것에 대한 당혹감으로 인해 자신의 세계를 자발적으로 수축시키는 사람들이 있는가 하면, 지루함을 견디지 못하고 세상으로 뛰쳐나오는 사람들이 있다. 개인의 마음 역시 두 진영 사이에서 고민한다. 지루함 따위는 얼마든지 견뎌낼 수 있다는 마음을 품었다가도, 지겨워도 너무 지겹다는 마음을 품기도 한다.

결국 개인이든 국가든 공포로 인해 삶을 축소하는 진영과 지루함이 지겨워서 삶을 확장하려는 진영으로 나뉘었다. 계층으로 나뉘는 세상인 줄로만 알았는데, 진보와 보수로 나뉘는 세상인 줄로만 알았는데, 알고 보니 우리의 세상은 감정으로도 나뉘고 있었다.

코로나19 팬데믹은 세상이 얼마나 개인의 마음에 의해 움직이는지를 선명하게 보여준다. 다른 위기와는 달리

지금 위기의 근원은 개인들이 이동하지 않고, 개인들이 소비하지 않는 데 있다. 세상의 다양한 구조적 한계들도 기여했지만, 근본적인 이유는 개인의 마음에 있다. "개인들이 먹는 것 외에는 일체의 돈을 쓰지 않는 것이 대공황"이라는 노벨 경제학상 수상자 조지프 스티글리츠(Joseph Stiglitz) 교수의 지적에 동의하지 않을 수 없다. 지금의 상황은 그 어느 때보다도 개인의 마음에 대한 분석을 절실하게 요구한다.

우리 마음속에서는 죽음에 대한 공포와 단조로운 삶에 대한 지루함이 팽팽하게 맞서고 있다. 공포로 균형추가 쏠린 마음은 생존에 꼭 필요한 것 외에는 아무것도 하지 않는다. 삶의 공간적·관계적 지경이 급속하게 축소되고, 개인의 개성을 표출하려는 시도는 제한된다. 여행이 줄고, 옷에 대한 관심이 급격하게 사라진다. 문화생활의 축소도 불가피하다.

반면에 지루함을 지겨워하는 쪽으로 균형추가 기운 마음은 생존에 꼭 필요한 것은 아니지만 재미있는 것들에 대한 추동으로 가득하다. 그 마음에는 쓸모없는 것의 쓸모를 인정하는 여유가 있다. "재밌잖아!" 이 한마디면 어떤 행위도 충분히 정당화된다.

지금은 지루함보다 공포에 의해 움직이는 국가와 개인의 완승으로 보인다. 마땅히 공포를 느껴야 할 때 공포를 느끼지 못한 개인과 국가가 치르는 대가가 너무 가혹하다. 그러나 지루함의 힘은 우리가 상상하는 것보다 세다.

한 연구에서 사람들을 아무런 자극이 없는 공간에 15분간 머무르게 했다. 아무것도 할 수 없는 공간에서 그들이 할 수 있는 것이라곤 원하면 자신의 허벅지에 전기 충격을 주는 것이었다. 지루함을 참지 못해 자신에

게 스스로 위해를 가하는 어리석은 사람들이 있었을
까? 놀랍게도 적지 않은 사람들이 그랬다. 그러니 지루
함을 삶의 최대의 적으로 삼아온 개인과 문화에서 '사
회적 거리두기'란 상상 이상으로 힘든 일일 수 있다.

반면 공포에 의해 움직여온 개인과 국가에는 지금의
상황이 불편하지만 불가능하지 않다. 전체를 위해 개
인을 희생하는 행위, 전체를 위해 국가가 개입하는 행
위, 수치를 면하기 위해 스스로 조심하는 행위가 익숙
한 행위들이기 때문이다.

그렇다고 공포가 승리할 것인가? 결코 아니다. 지금의
대한민국의 성과는 우리의 문화적 특성과 상황이 잘
맞았기 때문에 가능했다. 지금은 실패를 최소화하는
것이 성공이 되는 상황이고, 그 상황은 우리의 정서에
잘 부합한다. 공포로 움직이는 개인과 문화는 공격수

보다는 수비수의 마인드를 가지고 있기 때문에 실점을 최소화하는 일에 최적화되어 있는 것이다.

그러나 실패의 최소화가 아니라 성공의 극대화를 요하는 상황은 반드시 다시 오게 되어 있다. 이때 필요한 것은 재미와 창의다. 딱 필요한 것만 하겠다는 태도가 지속되면 지루함에 대한 인내 수준이 지나치게 높아져 공격력이 저하될 수 있다. 쓸모없는 것들이라도 재미있다면 과감하게 슛을 날려야 한다.

탁월한 수비가 필요한 상황에서 우리의 수비수들이 정말 잘 해내고 있다. 탄탄한 수비가 확인되었으니 이제 공격을 꿈꿔야 한다. 재미와 창의로 무장된, 지루함을 죽도록 지겨워하는 공격수들을 키워야 한다.

행복 천재들에게는 특별한
4대 보험이 있다

우리 사회에는 두 부류의 사람이 있다. 4대 보험이 있는 사람과 그렇지 않은 사람. 국민연금·건강보험·고용보험·산재보험, 이 4대 보험은 개인에게는 삶의 쇠락과 불확실성으로부터 우리를 보호해주는 최소한의 안전장치이고, 국가에는 국민의 행복을 위한 최소한의 의무다.

인생의 모든 고통과 궁핍이 4대 보험만으로 해결될 리는 만무하지만 그래도 최소한 4대 보험에 가입되어 있으면 일단은 안심이 된다.

그러나 일상의 고통이란 참으로 다양해서 국민연금으로도 건강보험으로도 해결되지 않는 것들이 너무 많다. 사춘기 자녀의 이유 없는 반항, 무능한 상사와의 기나긴 회의, 얄미운 직장 동료의 승진, 숨차게 달려왔는데 눈앞에서 떠나는 막차, 9회 말의 역전패, 한숨만 나오는 9시 뉴스…. 매달 연금과 보험료로 얼마를 납부한들 이 고통은 해결되지 않는다. 이를 보장받기 위해서는 전혀 다른 유형의 4대 보험이 필요하다. 돈으로 살 수 없고, 돈으로 지급되지 않는 보험이다.

좋은 인간관계(Intimacy)

자율성(Autonomy)

의미와 목적(Meaning & Purpose)

재미있는 일(Interesting Job)

이 새로운 4대 보험의 이름은 'I AM I(나는 나다)'다. 내가 나 자신으로 살 수 있도록 도와주는 보험이다. 돈으로 드는 보험이 고통이 발생한 후에야 힘을 발휘하는 사후 처방 성격이라면, 이 보험들은 예방의 힘이 더 강하다.

첫 번째 보험은 '좋은 인간관계'다. 고통은 사랑하는 사람이 잡아주는 손길에 줄어들고, 기쁨은 사랑하는 사람이 건네는 축하로 배가 된다. 친밀한 인간관계는 부정 정서를 줄여줄 뿐만 아니라 긍정 정서를 미리미리 키워준다.

37개국 직장인들을 대상으로 행복을 결정하는 요인을 분석한 결과, 가장 영향력이 큰 변수는 급여가 아니었다. 일을 얼마나 많이 하는가도 아니었다. 놀랍게도 직장 내 인간관계였다. 그중에서도 상사와의 관계가 핵심이었다. 좋은 상사는 직장인에게 최고의 행복 보험이다. 만일 우리에게 믿고 의지할 수 있는 사람들이 있다면, 운 좋게 (매우 드물기는 하지만) 좋은 상사가 있다면 행복의 가장 큰 보험을 든 셈이다.

행복의 두 번째 보험은 '자율성'이다. 무엇이 되었든 외부로부터 강요당하지 않는 삶이 행복한 삶이다. 단순히 일하는 시간을 줄이는 것보다는 업무 시간 중이라도 필요할 때 자유롭게 외출할 수 있느냐가 행복에 더 큰 영향을 미친다. 근로시간 단축도 중요하지만 탄력근무제가 더 중요한 이유다.

예를 들어 일과 육아를 병행하는 워킹맘이나 연로한 부모를 모시고 있는 직장인들에게는 시간적 융통성이 절실히 필요할 수 있다. 행복해지는 법을 정해놓고 일률적으로 강요해서는 안 되는 이유이기도 하다. 행복의 본질이 자유인만큼 그 실천도 자유여야 한다.

세 번째 보험은 '의미와 목적'이다. 한 연구에 따르면 사람들은 개인적으로 의미 있는 일이라면 월급이 30퍼센트 적어도 감수하겠다는 의지를 보인다. 고통이 극복되는 과정을 살펴보면 반드시 의미 발견의 순간이 존재한다. 고통에도 뜻이 있다는 점을 스스로 발견하면 고통은 더 이상 고통이 아니다. 오히려 고통을 통해 성장한다. 의미와 목적을 가진 사람들은 고통을 이기는 두둑한 보험을 가진 셈이다.

마지막 보험은 '재미있는 일'을 하는 것이다. 직장인의 행복에 영향을 주는 가장 강력한 요인은 좋은 인간관계였고, 그 뒤를 바짝 따르는 요인이 재미있는 일이었다. 여행이 행복한 이유는 재미있는 것들이 가득하기 때문이다. 호기심을 자극하는 새로운 풍경, 낯선 음식, 생경한 음악과 그림들이 곳곳에 가득하기에 여행은 행복하다.

자기의 일에서 스스로 성장한다는 느낌을 갖는 것, 새로운 기술을 익히고 새로운 문제를 발견하고 해결하는 즐거움을 갖는 것은 재미있는 일의 조건들이다. "그 아이디어 재밌네!"라는 말이 일상이 된 일터에서 일하고 있다면 보장이 로또급인 행복 보험을 든 셈이다.

이 네 가지 보험이 존재할 때 우리는 비로소 '나 자신'이 된다. 강요된 나, 위장된 나, 소외된 나가 아니라 있는 그대로의 나 자신(I AM I)이 되는 것이다.

서로가 서로에게 국민연금과 건강보험을 들었는지를 묻는 것을 넘어서서 옆에 좋은 사람들이 있는지, 자율적인 삶을 살고 있는지, 삶의 의미를 발견했는지, 그리고 재미있는 일을 하고 있는지를 묻는 세상이 좋은 세상이다. 행복 천재들이란 이 4대 보험을 든든하게 갖춘 사람들이다.

CHAPTER 2

행복의 언더독들

그동안 주눅 들었던
행복의 비주류들이 뜬다

내성적인 사람이
온다

내성적인 사람이 살 만한 세상이 왔다. 외향성의 제국
에서 소외된 삶을 살아야 했던 그들에게 마침내 해방의
날이 찾아왔다. "제가 좀 내성적이라서요…"라며 늘 변
명 아닌 변명을 둘러대던 구차함도 이제는 안녕이다.

외향적인 사람은 내성적인 사람의 고통을 모른다. 과
묵함이 무능으로 오해될까 봐 전전긍긍하는 그들의 마
음을 알 턱이 없다. 모여서 과제를 해야 하는 팀 프로젝
트 때문에 내성적인 대학생들이 얼마나 힘들어하는지

그들은 모른다. 활동 중심의 수업을 해야만 하는 내성적인 교사들의 고통은 또 어떠한가.

인문학 공부 모임에 참여하기를 요청받는 내성적 CEO들의 고충도 만만치 않다. 인문학 열풍에 편승해 생겨난 각종 조찬 모임은 새벽 댓바람부터 내성적인 사람을 괴롭힌다. 사회생활이 외향적인 사람에게 축제라면, 내성적인 사람에게는 억지로 치르는 시험일 뿐이다.

내성적인 사람의 고통은 이뿐만이 아니다. 시간 낭비에 불과한 회의를 남발하는 리더에 대한 불만, 수업 자료를 하나도 읽지 않았으면서 마치 다 읽은 것처럼 떠들어대는 동료 학생에 대한 분노. 생각하지 않고 말부터 하는 이들 때문에 결국 뒷수습은 자신들의 몫이라는 점을 깨달았을 때의 그 허망함이란.

외향성의 제국을 난공불락으로 만든 결정적 주범은 심리학이다. 외향성이 행복에 유리하다는 연구들을 쏟아내면서 콧대 높던 외향성의 지위를 한층 더 높여 놓았다. 내성적인 사람은 행복하기도 어렵단 말인가.

내성적인 사람이 갑작스레 외향적인 사람으로 변신할수는 없어도 외향적인 행동을 꾸준히 연습하면 행복해질 수 있다는 연구가 위로의 차원에서 제시되었지만, 내성적인 사람의 절망을 해소하기에는 역부족이었다. 외향적인 사람과 어울리면 행복해질 수 있다는 조언도 오히려 상처가 될 뿐 큰 위로는 되지 못했다.

이로써 외향성은 사회생활뿐 아니라 개인의 행복 영역에서도 가장 높은 권좌에 올랐고, 마침내 외향적인 사람은 금수저가 되고 내성적인 사람은 흙수저가 되는 강고한 외향성의 제국이 완성되었다.

외향성의 제국은 내성적인 사람에게는 심각하게 기울어진 운동장이다. 칼 융(Carl Jung)이 처음 제안한 내향성-외향성 개념에 따르면 내향성이란 자기의 내면세계만으로도 충분한 자극을 받는 성향이다.

반면 외향성이란 내면의 자극만으로는 충분한 각성을 경험할 수 없기 때문에 외부 세계로부터의 자극을 끊임없이 추구하는 성향이다. 따라서 내성적인 사람은 왁자지껄한 분위기를 싫어한다. 웬만하면 갈등도 회피한다. 갈등 자체보다 갈등이 만들어내는 자극의 과잉이 싫기 때문이다.

내성적인 사람은 주장과 주장이 맞서는 웅변의 영역보다는 숫자와 글, 또는 기술로 승패가 갈리는 사유의 영역에 삶의 터전을 잡는다. 외향성의 제국에서 자신들이 살아남으려면, 언변이나 사교가 중요하지 않은 영역에서 기술적 전문성을 극대화하는 길밖에 없다는 점을 본능적으로 알아차린 것이다.

난공불락으로 보이던 이 외향성의 제국에 바이러스로 인한 붕괴의 조짐이 나타나기 시작했다. 내성적인 사람에게 최적의 환경이 만들어진 셈이다. 그들의 전매특허인 '사회적 거리두기'가 새로운 게임의 규칙으로 등장하면서 사회적 거리 좁히기라는 외향성의 규칙이 뒷전으로 밀려났다.

사회적 거리두기가 외향적인 사람에게 형벌이라면, 내성적인 사람에게는 취미이자 특기다. 코로나19 팬데믹 기간 중 서울대 행복연구센터에서 외향적인 사람과 내성적인 사람의 행복감 변화를 분석한 결과 외향적인 사람의 행복감이 더 크게 하락한 것으로 나타났다.

운동장은 이제 반대로 기울고 있다. 내성적인 사람이 외향적인 사람인 척 연기할 이유가 사라졌다. 타고난 성격을 아쉬워해야 할 이유도 사라졌다. 그동안은 "제가 좀 내성적이라서요…" 하면서 미안함과 죄의식을 느끼며 모임에서 빠졌다면, 이제는 외향적인 사람이 "제가 좀 외향적이라서요…"라는 궁색한 변명을 하며 모임을 열어야 한다. 이제 해명은 그들의 몫이 되었다.

삶의 모든 순간이 해명이었던 그 삶은 얼마나 비루했던가? 내성적인 동지들이여, 외향적인 사람의 역습을 경계하라. 사람 사는 재미란 서로 부대끼는 것이라며 또다시 회식과 회의라는 고전적 무기를 들이댈 때, 사람 사는 재미란 '꼭' 필요한 사람과 부대끼며 지내는 것이라고 당당하게 맞서라. 음지에서 양지를 지향해야만 했던 우리의 비루한 삶은 이제 끝났다.

의미형 인간이 온다

'재미형 인간'이 급부상하고 있다. 그들의 신조는 소확행(小確幸)이고, 그들의 주적(主敵)은 지루함이다. 그들의 행동 강령 1호는 '미래의 행복을 위해 현재의 즐거움을 포기하지 않는다'이다. '하마터면 열심히 살 뻔했다.' 그들이 가장 선호하는 묘비명이다. 삶의 모든 것을 있는 그대로 수용하라는 니체의 '아모르파티(amor fati)'는 그들에게 이르러 향유와 축제로 변형되었다.

늘어난 수명 덕분에 죽음으로부터 멀찌감치 떨어져 있

는 현 세대는 더 이상 엄숙주의를 신봉하지 않는다. 그들은 재미의 실종을 우리 사회의 가장 치명적인 문제라고 여긴다. 『기적을 이룬 나라, 기쁨을 잃은 나라』라는 책 제목처럼 재미의 실종이라는 외부의 평가를 통렬하게 받아들인다.

바람직한 현상이다. 우리는 좀 더 재미를 추구해야 한다. 도덕과 원칙을 내세워 유머를 추방해서는 안 된다. 실없음과 유치함을 사랑해야 한다. 죽는 순간까지 우리의 눈동자에서 장난기가 사라져서는 안 된다.

그렇다고 해서 '의미형 인간'이 기죽을 필요는 전혀 없다. 특별하게 즐겁지는 않아도 자기에게 주어진 소명을 묵묵히 실천하고 있는 사람들, 내세울 만한 소확행은 없지만 일상을 그럭저럭 잘 견뎌내고 있는 사람들, 불공정과 부조리에 맞서 투쟁하고 있는 사람들, 종교적 신념을 지키기 위해 고난받고 있는 사람들, 이런 의미형 인간에게도 재미형 인간 못지않은 저력이 있다.

의미형 인간은 스트레스에 유독 강하다. 그들에게는 '궁극적으로 중요한 일'이 있기에 다른 일들은 부차적으로 여겨진다. 그런 일들 때문에 스트레스 받을 이유를 애초부터 느끼지 못한다. 중요한 목표에 집중하느라 뒷담화에도 흥미를 못 느낀다. 소설가의 시간 관리에 대해 김연수 작가가 소설 쓰는 일 외에는 다른 일을 만들지 않는 것이라고 했다면, 의미형 인간의 시간 관리는 중요한 일 외에는 다른 일을 만들지 않는 것이리라.

의미의 저력은 '해석'을 통해서 발휘된다. 의미는 우리에게 '고난에도 뜻이 있다'는 해석을 제공한다. 설명할 수 없고 이해할 수도 없는 고난을, 이해할 수 있는 것으로 만들어주는 것이 의미다. 의미형 인간은 인생의 실패를 삶에 대한 위협이 아닌 도전으로 해석한다. 그래서 의미형 인간의 저력은 고난의 한가운데에서 최고조로 발휘된다.

나치의 수용소에서 죽음의 공포와 맞서 싸우며 인간의 존엄을 지키도록 한 힘도 바로 삶에 대한 의미였다. 위험천만한 구조 현장에서 소방관들을 주저 없이 뛰어들게 만드는 가장 큰 힘도 삶의 의미와 목적이다. 의미는 고난의 상황에서 인간을 일으켜 세우는 가장 강력한 힘이다.

의미형 인간의 저력은 자기 몸을 소중하게 돌보는 행위를 통해서도 발휘된다. 의미형 인간은 절제의 삶을 산다. 그들은 해야 할 일이 있으므로 자기 몸을 귀하게 여긴다. 그들은 재미형 인간에 비해 더 규칙적으로 운동하며, 담배를 덜 피우고, 술을 덜 마신다. 그들에게는 늘 '내일'이 있기 때문이다. 무슨 일이 있어도 그들이 식사를 거르지 않는 이유다.

연구에 따르면 이들은 건강검진도 자주 한다. 살아야 할 이유와 목적이 분명하기 때문에 자기 몸을 돌볼 필요와 책임을 느끼는 것이다. 그들이라고 해서 반복적인 운동이 늘 재미있을 리 없다. 그저 건강한 몸이 제공하는 활력을 통해 중요한 목적을 이루려 할 뿐이다.

한 연구에 따르면 담배를 전혀 피운 적이 없는 사람들이 흡연자들보다 의미 점수(의미 있는 삶을 살고 있다고 느끼는 정도)가 높다고 한다. 또한 최근에 미국 UCLA와 서울대학교 행복연구센터가 함께 실시한 연구에서도 스트레스 유발 사건이 발생했을 때 이에 맞서 싸우는 신체의 항체 반응이 의미형 인간에게서 더 강하게 나타났다. 비록 재미형 인간의 눈에는 그들의 일상이 지루하고 단조롭게 비칠지라도, 그들은 자기절제의 삶을 통해 몸과 마음의 저력을 키우고 있는 것이다.

재미형 인간의 저력은 강하다. 재미는 창의의 원천이며, 삶의 활력소다. 우리 안의 재미 본성을 억압해서는 안 될 일이다. 그러나 의미형 인간의 저력도 만만치 않다. 의미형 인간은 목적이 이끄는 삶을 산다.

의미와 목적은 진부한 슬로건이 아니다. 재미를 반감시키는 눈치 없는 존재도 아니다. 욜로(YOLO, You Only Live Once)와 소확행이 대세인 지금, 조용히 숨죽이고 있는 의미형 인간들은 이제 어깨를 펴야 한다. 재미형 인간들의 폭주 앞에서 기죽어야 했던 우리의 은둔은 끝났다. 의미가 대세인 시대가 오고 있다.

흡족(洽族)이 온다

모든 과학은 탐구하고자 하는 대상에 대한 '이름 짓기'로부터 시작한다. 대상의 이름이 존재하지 않는다면 그 대상을 명료하고 체계적으로 생각하기가 어렵기 때문이다.

새로운 식물이나 동물을 발견할 때마다 이름을 지어주지 않고 '그거', '거시기'로 부른다면 우주는 수많은 거시기들의 집합소에 불과하고, 우리의 소통은 혼란으로 가득할 것이다. 체계적인 명명이 생물학의 필수 요소인 것도 이 때문이다. 이름의 부재 혹은 잘못된 이름이 만들어내는 혼란의 가능성이 자연과학에만 있는 것은 아니다.

인간의 주관적인 경험을 다루는 분야에서도 이름 짓기는 매우 중요한 과제다. 우리가 소위 느낌이라고 지칭하는 많은 주관적 경험 중에서 무엇을 '감정'이라 부르고, 무엇을 '정서'라 부르며, 무엇을 '기분'이라 부르는가? 무엇을 '분노'라 부르고, 무엇을 '울분'이라 부르며, 무엇을 '서러움'이라 부를 것인가?

과학적 탐구 영역에서의 이름 짓기는 아이의 이름 짓기와는 근본적으로 성격이 다르다. 아이의 이름 짓기가 소망이나 가치에 기반을 둔다면, 과학적 이름 짓기는 철저하게 사실에 기초를 둔다. 그 대상을 정확하게 기술하고 다른 대상과 명료하게 구분되는 이름을 짓는 것이 과학적 작명의 기초다. 이런 과학적 작명의 관점에서 볼 때 '행복(幸福)'이라는 단어는, 우리가 행복이라고 부르는 주관적 경험을 잘 반영한 좋은 이름이라고 보긴 어렵다.

'우연히 일어나는[幸] 좋은 일[福]'을 뜻하는 행복은, 행복을 경험하게 하는 조건들을 지칭할 뿐, 행복 경험 자체의 본질을 드러내는 이름이 아니다. 행복이 무엇이냐고 물었을 때 '가족이 화목하고 건강한 것', '좋아하는 일을 하는 것' 등과 같이 행복 자체보다 행복을 유발하는 상황과 조건을 이야기하는 것이 바로 이런 연유다. 만약 행복에 새로운 이름을 지어준다면 어떤 단어가 좋을까?

흡족(洽足): 조금도 모자람이 없을 정도로 넉넉하여 만족함 행복의 실체를 묘사하기에 이처럼 좋은 단어가 또 있을까? 흡족(洽足)에는 만족(滿足)이라는 단어 속에 언뜻언뜻 비치는 체념의 그림자가 없어서 좋다. 흡족에는 '이 정도에 만족해야겠다'는 결단과 비장함이 없다. '형편에 만족하며 살라'는 꼰대 같은 이미지도 없어서 마음에 부담이 없다.

'소비자 만족', '고객 만족' 이런 문구는 김연수 작가의 표현을 빌리자면 "할인마트에서 떨이로 팔면 딱 좋을" 말이다. 흡족이라는 단어는 이런 상투성이 느껴지지 않아서 좋다. "자기 분수도 모르고 말이야, 만족할 줄 알아야지"라며 핏대를 올리는 소위 높으신 분들의 저급한 우월감이 배어 있지 않아서 더 좋다.

오직 하나 흠이라면 인터넷에 '흡족'을 검색했을 때 족발 가게가 나온다는 점. 그래도 행복의 또 다른 이름인

'쾌족(快足)'을 검색했을 때 발 마사지 숍이 나오는 것에 비하면 큰 흠도 아니지 않은가.

흡족(洽族)은 자기만의 기준으로 삶을 사는 사람들이다. 타인의 시선을 의식하는 사람들은 남을 흡족하게 할 수는 있어도 자신을 흡족하게 할 수는 없다. 흡족한 상태란 자신의 기준으로 판단했을 때의 충만함을 의미한다. 우리의 삶이 만족스럽기는 해도 그리 흡족하지 않은 이유는 타인의 기준을 버리지 못하고 있기 때문이다.

흡족(洽族)은 자기가 하는 일을 사랑하는 사람들이다. 왜 산에 오르느냐고 물었을 때 '산이 거기 있어서'라고 답하는 사람들, 그런 사람들이 흡족이다. 흡족은 돈이나 명예만을 위해 일하지 않는다. 일하는 과정에서 느끼는 흡족함이 그들의 심장을 뛰게 하는 원동력이다.

흡족(洽族)은 성장의 기쁨을 아는 사람들이다. 세계적 거장의 반열에 오른 첼리스트 파블로 카살스(Pablo Casals)에게 왜 아직도 매일 연습하느냐고 물었을 때 그는 이렇게 말했다. "요새 내가 실력이 느는 것 같아."

행복이라는 이름을 여기저기 휘둘러대어 사람들을 기죽이지 않는 사람, 행복하지 않으면 루저가 될 거라는 공포를 조장하지 않는 사람, 요란한 행복 캠페인은 체질에 맞지 않아 늘 한발 물러서 있는 사람, 그저 순간순간에 흡족해하는 사람, 그런 사람이 옳다. 항상 신나고 항상 들떠 있는 것이 행복이라고 오해했었기에 우리는 그동안 얼마나 소외되어 있었던가? 이제 흡족(洽族)의 시대가 오고 있다.

결심하지 않는 사람이
이긴다

그는 새해 결심을 하지 않는다. 새해 결심을 하지 않겠다고 굳게 '결심'한 것으로 봐서 결심이란 걸 아예 안 하는 사람은 아니다. 작심삼일의 패배감을 일생 동안 맛보았기 때문일까? 새해 결심을 하기 위해 평소에는 쳐다보지도 않던 산과 바다로 달려가는 무리에 대한 냉소 때문일까? 도대체 왜 그는 새해라는 뚜렷한 분기점에서 애써 태연해지려 하는가? 아드레날린이 뿜어내는 희망으로 모두가 들떠 있을 때, 그는 왜 특별한 날이 아닌 것처럼 행동할까?

그가 새해 결심을 안 하기로 한 이유는 새해 결심이 주는 부작용 때문이다. 새해부터 잘하자는 결심과 새해부터 잘하면 된다는 위안을 핑계 삼아 12월의 남은 며칠을 쉽게 보내버리는 부작용. 마치 '다이어트는 내일부터'를 외치며 오늘을 포기해버리는 사람들처럼, 새해 결심은 늘 12월의 남은 날을 대충 살아도 되는 날로 전락시킨다는 사실을 깨달은 것이다. '공돈'이라는 이름이 붙은 돈을 쉽게 써버리듯이 12월의 끝자락에 '공날'이라는 이름을 붙여 쉽게 흘려보내는 부작용이 있음을 알아버린 것이다.

'부자는 돈에 이름을 붙이지 않는다', '현자는 시간에 이름을 붙이지 않는다'라는 말은 그의 새로운 좌우명이 되었다. 새해 결심을 하지 않는 그는 1월 1일에도 평소처럼 아침 산책으로 하루를 연다. 새해 결심을 하는 그의 친구는 전날 늦게까지 새해맞이 의식을 치르느라 새해 첫날부터 늦잠을 잔다. 새해 결심을 하지 않는 그는 12월 31일 밤에도 평소처럼 책을 읽지만, 새해 결심을 하는 그의 친구는 새해 결심 리스트를 만드느라 밤을 새운다.

그가 깨달은 더 심각한 부작용이 또 있었다. 작심삼일의 실패로부터 배우지 못하는 이유가 바로 새해 결심 그 자체에 있다는 사실을 알아차린 것이다. 새해 결심이 지난해에 저지른 과오와 나태를 반성도, 처벌도 없이 용서해주는 셀프 면죄부로 작동한다는 점을 통렬하게 깨달았다. 마치 이런저런 정상을 참작해 형량을 깎아주는 재판장처럼, 새해 결심을 굳건히 한 점을 참작해 자신에게 사면을 행사하는 모습을 본 것이다.

'자기의 제국'은 군주 국가와 같다. '자기'라는 존재가 입법·사법·행정의 모든 권력을 쥐고 있다. 삶의 계획을

짜는 이도 자기 자신이요, 그 계획을 실행하는 자도 자기 자신이고, 그 계획을 어겼을 때 스스로를 정죄하는 자도 자기 자신이다. 결심(決心) 공판의 재판장이 자기 자신이다 보니 결심한 것에 대한 실패는 온갖 이유로 정상 참작이 된다. 늘 무죄일 수밖에 없다. 마치 자기가 출제하고 자기가 채점하는 시험처럼 애초부터 비정상적인 결심 공판이 이루어지는 것이다.

자신이 삶의 주인이어야 한다는 원칙은 옳다. 그것은 철학적으로도 옳고, 행복 측면에서도 옳다. 그러나 삶의 제국이 오직 '자기'라는 군주가 지배하는 곳이라면, 우리는 셀프 사면을 남발해 성찰도 없고 처벌도 없는 무법의 생활을 하게 될지도 모른다.

인간은 자연적인 시간의 흐름에 이정표를 세우고 특별한 의미를 부여한다. 새해 아침, 새로운 한 주, 새로운 한 달. 이런 때에는 일기장과 플래너가 날개 돋친 듯 팔리고, 헬스장은 다이어트를 결심한 자들로 붐빈다. 연말, 중년, 인생 후반전. 마지막이나 끝을 의미하는 시기는 사람들로 하여금 감사를 불러일으켜 선물 구매가 급증한다. 새로운 나이대로 진입하는 아홉수를 맞이한 사람들은 마라톤을 시작하곤 한다. 자연현상에 의미를 부여하는 인간이 만들어내는 효과들이다.

그렇기에 새로운 시작에 발맞춰 마음을 다잡고 계획을 세우는 것은 자연스러운 일이다. '성찰하지 않는 삶은 살 가치가 없다'는 한 철학자의 가르침을 들먹이지 않더라도 살아온 지난날을 반성하고 새로운 시작을 계획하는 것은 훌륭한 일이다. 성찰과 결심은 인간만이 지닌 특징이 아니던가.

문제는 새해 결심이 일으키는 부작용에 있다. 마음의

작동에 예민한 사람들은 이를 알아차리고 일부러 새해 결심을 하지 않는다. 그들은 하루하루에 대한 결심을 할 뿐이다.

이 중 더 현명한 자들은 결심의 내용을 바꾼다. '사람들에게 친절하자'와 같은 관념적이고 자기중심적인 결심을 하지 않는다. '옆자리 김 대리에게 일주일에 한 번 점심을 대접한다'와 같은 빼도 박도 못할 행동 리스트로 셀프 사면의 가능성을 원천적으로 배제해버린다. 관념적인 결심은 선거에 지고도 '사실상 우리가 이겼다'고 말하는 정치인들의 어처구니없는 합리화와 똑같은 결과를 초래한다. '사실상 지킨 거나 다름없다.'

새해 결심의 내용을 바꿔야 한다. 자기중심적 결심에서 타인중심적 결심으로, 마음에 관한 결심에서 행동에 관한 결심으로. 그렇지 않으면 우리는 매년 무죄다.

전성기가 지났을 거라고
불안해하는 사람이 이긴다

무언가를 창조하는 사람들이란 자발적으로 고통의 세계로 이주한 사람들이다. 그들은 외부의 평가나 보상 그리고 위협 따위엔 아랑곳하지 않고 매일매일 백지의 원고와 악보, 캔버스가 주는 공포와 맞선다. 그들은 내면의 명령에 이끌리는 사람들이기에 그들의 핏속에는 보통사람들이 겪지 않는 불안과 좌절이 흐른다. 학문을 연구하는 사람들도 마찬가지다.

그들은 자신의 전성기가 이미 지났을지도 모른다는 악

몽에 시달린다. 과연 전성기가 올 것인가라는 근원적인 의심으로 고통스러워한다. "나이가 든다는 것은 물리학자에게는 공포다. 서른을 넘긴 물리학자라면 차라리 죽는 게 낫다"는 노벨 물리학상 수상자 폴 디랙(Paul Dirac)의 말을 듣고 나면 그 공포는 거의 패닉 수준으로 상승한다. 천재의 독선이라고 웃어넘기려 해도, 물리학 분야에나 적용되는 법칙일 거라고 아무리 자위하려 해도 나이와 함께 찾아오는 정신의 쇠락에 대한 공포에서 벗어날 길이 없다.

하버드대학교의 아서 브룩스(Arthur Brooks) 교수의 연구 결과는 이 공포를 한껏 부추긴다. 그는 미국 시사 잡지 《애틀랜틱》에 기고한 글에서 우리의 전문성은 우리의 예상보다(더 정확히는 우리의 바람보다) 훨씬 일찍부터 쇠퇴하기 시작한다고 주장한다. 그러고는 자신의 연구 결과에 충실하고자 오랫동안 맡았던 미국의 유명한 싱크

탱크 CEO 자리를 그만두었다. 예전 같지 않은 현재의 자기 자신, 그리고 결코 예전 같지 않을 미래의 자기 자신을 보며 용퇴한 것이다. 그의 이런 행보는 우리를 심하게 위축시킨다.

물론 나이를 먹는다고 해서 전문성이 크게 쇠락하지 않는 분야도 있을 수 있다. 도리어 나이가 들어 포텐이 폭발하는 사람들도 있다. 그러나 아무리 많은 예외를 들먹이더라도 기민함, 혁신, 문제의식, 도발성, 파격, 예리한 문장의 쇠락이 야기하는 공포로부터 벗어나기는 힘들다.

그렇다고 순순히 물러설 수는 없다. 우리를 전락시키는 것은 위협 자체가 아니라 위협에 대한 공포가 아니던가. "두려움을 용기로 바꿀 수만 있다면"이라는 영화 <명량>의 대사를 되새겨본다. 전성기가 지났을지 모른다는 두려움을 전성기가 아직 오지 않았다는 용기로 바꿀 수만 있다면, 그 용기는 수백 배, 수천 배 강한 힘이 되지 않겠는가.

2018년 《네이처》에 발표된 한 연구가 두려움을 용기로 바꾸는 데 희망을 준다. 이 연구는 예술가, 영화감독 그리고 과학자들의 업적을 바탕으로 소위 '대박'이라 부를 수 있는 작품이나 논문이 한 사람의 커리어에서 언제쯤 등장했는지를 분석했다.

이 연구에 따르면 대박은 30대나 40대에만 만들어지는 것이 아니라 커리어의 어느 단계에서든 일어난다. 어떤 개인이 평균적으로 만들어내던 수준을 능가해 이전의 그가 아닌 전혀 다른 모습으로, 전혀 다른 작품과 논문을 발표하는 순간은 커리어의 모든 시기에서 일어날 수 있으며, 그 시기는 대략 3~5년 동안 지속된다고 한다.

영감이 유성우처럼 쏟아지는 시기가 따로 존재한다는 것이다.

아인슈타인은 1905년 한 해에만 현대 물리학의 기념비적인 논문을 네 편이나 발표했고, 영화감독 피터 잭슨은 영화를 만들기 시작한 지 약 25년이 지난 후에야 <반지의 제왕> 시리즈를 몇 년 사이 연속으로 발표했다. 어떤 사람은 이런 폭발적인 창조의 시기를 평생 두세 번 경험하기도 한다.

나이와 함께 찾아올 정신의 쇠락을 걱정하는 마음은 성찰적이다. 그러나 그 성찰이 스스로를 공포로 몰아넣은 나머지 너무 일찍 퇴로를 준비하도록 밀어붙이지 않기를 소망한다. 너무 많은 사람들이 너무 일찍 전투를 포기하고 있다. 나이와 함께 늘어나는 일상의 의무와 조직에서 맡게 되는 보직을 핑계 삼아 탁월성에 대한 추구를 포기한 채 조로(早老)의 삶을 살고 있다. 나이가 들수록 성과가 줄어드는 이유는 나이 자체 때문이 아니라 나이가 들수록 노력을 훨씬 덜하기 때문이다.

전성기는 언제든 찾아올 수 있다. 어쩌면 바로 눈앞에 와 있는지도 모른다. 전성기가 지났을지 모른다는 두려움이 클수록 전성기가 자신의 목전에 와 있다고 믿는 용기를 가져야 한다. 두려움을 용기로 바꿀 수만 있다면 그 용기는 수백 배, 수천 배 힘을 발휘할 거라는 영화 <명량>의 대사를 날마다 되새겨야 한다.

절제하는 사람이
이긴다

저게 저절로 붉어질 리는 없다.

저 안에 태풍 몇 개

저 안에 천둥 몇 개

저 안에 벼락 몇 개

저 안에 번개 몇 개가 들어 있어서

붉게 익히는 것일 게다.[3]

3   장석주, 「대추 한 알」 중 부분

장석주 시인의 시 「대추 한 알」에 나오는 '대추'를 '마음'으로 바꾸면 탁월한 심리학 이론이 된다. 우리 마음은 저절로 생겨나지 않는다. 마음은 태풍과 천둥, 벼락과 번개, 그리고 질병과 빈곤, 전쟁과 불평등이 켜켜이 쌓인 퇴적물이다. 마음은 다름 아닌 환경의 축적이다. 그렇기에 환경이 요동치면 마음도 요동친다.

세상에 흔들리는 마음에 지칠 대로 지친 끝에 어떤 이는 기도와 명상으로, 때로는 은둔이라는 방법으로 마음을 지키고자 애쓴다. 엎어지면 코 닿을 거리인 분리수거하러 가는 길도 걷기 싫어하는 그들이 산티아고 순례길에는 열광한다. 어떤 이는 환경에 반응하는 마음을 괴로워하기보다 있는 그대로 수용한다. 그들은 세상의 변화가 일으키는 마음의 변화를 탐구 대상으로 삼고 규칙을 발견하려 한다. 환경과 마음의 연결에 관한 규칙을 발견할 수만 있다면 마음에 대한 예측이 가능하고, 예측이 가능하다면 미래를 위해 대비할 수 있다고 믿기 때문이다. 그들에게 세상의 변동은 걱정거리가 아니라 마음의 비밀을 엿볼 수 있는 재밋거리다.

마음을 다스림의 대상이 아니라 탐구의 대상으로 여기는 사람들이, 요즘 세상이 만들어내는 마음의 변화에 대한 자신들의 탐구 결과를 내놓고 있다. 그들이 주시하는 건 세상의 변동성이다. 우리가 맞닥뜨리고 있는 세상은 유례가 없을 정도로 변동성이 크다. 특히 코로나19 사태는 그 변동성을 더욱 심화시켜 놓았다.

그들은 기후 변동성이 가져오는 마음의 변화마저 주목하고 있다. 지구 온난화로 인해 평균 기온 상승뿐 아니라 극단적으로 덥고 추운 날들이 늘어나는 기온 변동성이 커지고 있다. 기후 변동성이 큰 곳에 사는 사람들은 미래에 닥칠 변화에 대비하는 준비성이 높다. 그들의 마음은 현재보다 미래에 집중한다. 마음에는 절제의 근육이 붙어가고, 삶에는 절약과 저축의 습관이 자리 잡는다.

원유 가격의 변동성은 이전 세기보다 여섯 배 이상 증가했다. 주식 시장의 단위 수익당 위험 변동성도 점점 커지고 있다. 세상의 변동성이 이렇게 증가하면, 마음은 세상에 대한 불신과 불안을 장착한다. 동시에 이런 불안에 맞서기 위해 몇 가지 마음의 장치들을 마련한다. 코로나19 사태 이후 나타날 우리 삶의 변화도 이런 장치들이 작동한 결과일 것이다.

첫째, 변동성이 큰 상황에서 우리 마음은 확실한 것들을 선호한다. 모험을 감수하기보다 안정적이고 확실한 것들을 중요하게 여긴다. 저축과 절약의 습관이 부활하는 것도 이 때문이다.

둘째, 도덕을 중시한다. 변동성이 유발한 불안을 해결하기 위해, 사회의 규칙을 어긴 사람들을 강력히 처벌함으로써 무너진 질서를 회복하려 한다. 개인의 취향으로 수용되던 일탈에 대한 경계와 처벌의 수위가 높아질 가능성도 크다. 행복보다 도덕과 윤리를 중시하는 풍조가 생겨난다.

셋째, 강력한 리더십을 갈망한다. 유연하고 합리적인 리더보다 강력하고 신속하게 위기에 대응하는 리더를 선호하게 된다. 이 변화를 눈치챈 영리한 리더들은 자신의 강인함과 신속함 그리고 결단력을 과시하기 시작하고, 그렇지 못한 리더들은 대중의 마음에서 점차 신뢰를 잃어간다. 집단 간 갈등을 조장하고, 그 갈등을 무력으로 해결하려는 리더가 인기를 끌 가능성도 배제할 수 없다.

세 가지 모두 장단점이 있는 마음의 변화들이지만, 포스트 코로나 시대에 가장 기대하는 변화는 절약과 저축, 절제의 부활이다.

그간 우리 사회에서는 소비는 미덕이고 소비자는 왕이었다. 욜로는 당당하게 시대정신의 자리를 꿰찼고, '소비가 너희를 자유케 하리라'라고 외치는 종교가 득세했다. 이 분위기에 밀려난 절약과 저축은 꿔다 놓은 보릿자루마냥 마음의 한구석에서 눈치만 살피고 있다.

이제 이들이 마음의 전면에 다시 서게 될 것이다. 절약하고 저축하는 절제의 삶이, 소비하고 탕진하는 충동의 삶보다 훨씬 실속 있는 삶임을 받아들이게 될 것이다. 쿨한 소비보다 쿨한 저축이 더 매력적으로 다가오는 세상이 오고 있다.

균형 잡힌 사람이
이긴다

원하는 것을 얻기 위해 세상을 바꿀 것인가? 아니면 내 마음을 바꿀 것인가? 인간의 행동은 이 두 욕구 사이의 충돌과 균형의 산물이다.

세상을 바꾸려는 선택을 한 사람은 자신이 원하는 것을 얻기 위해 세상을 자신에게 맞춘다. 그는 자신이 원하는 바를 얻기 위해 세상 속으로 향한다. 진로를 바꾸기도 하고, 뒤늦게 대학원에 진학하기도 하며, 퇴근 후에는 자기계발에 몰두한다. 필요하다면 법적 투쟁도 불사하면서 관행이라는 세상의 벽에 용감하게 맞선다.

그러나 마음을 바꾸려는 선택을 한 사람은 자신을 세상에 맞추려고 한다. 인생에는 어차피 이룰 수 없는 것들이 많다는 깨달음을 따라 자신의 마음속으로 향한다. 불필요한 갈등을 피하기 위해 참는 법을 배운다. 거짓 욕망을 제거해 마음을 정화하며, 어떤 상황도 견뎌낼 수 있는 마음의 힘을 키우려 노력한다.

인간은 태어나는 순간부터 이 두 가지 중 하나를 선택하기 시작한다. 어린아이는 주로 세상을 바꾸는 방법을 통해 삶의 첫걸음을 뗀다. 그들은 울음과 응석으로, 때로는 저항할 수 없는 귀여움과 사랑스러움으로 원하는 것을 집요하게 얻어낸다. 아이들의 천진난만한 얼굴, 어른들은 감히 흉내조차 낼 수 없는 그들의 웃음소리는 세상으로부터 자신들이 원하는 것을 얻어낼 수 있도록 신이 내려주신 최고의 무기다. 그러나 울음과 응석과 귀여움이 더 이상 통하지 않는 세상에 진입하면서부터 아이들은 자신을 세상에 맞춰야 한다는 사실을 깨닫고, 다양한 마음의 무기를 장착한다.

성인이 되는 과정은 세상을 바꾸려는 힘과 내면의 평화를 지키려는 힘 사이의 균형을 찾아가는 여정이다. 원하는 외모를 얻기 위해 필사적인 노력을 하면서도 마음이 예뻐야 진정한 미인이라고 마음을 다잡는다. 성공을 향해 저돌적으로 달려가는 와중에도 실패로부터 배우려는 마음의 준비를 한다. 급기야 중년이 되면 살아온 날보다 살아갈 날이 적다는 생각에 더 나은 미래를 계획하기보다는 더 나은 과거를 만들기 위해 지나온 날들을 음미하고 재해석한다. 해석과 재해석이야말로 인간의 마음이 보유한 최고의 무기가 아니던가.

이처럼 삶은 세상을 바꾸려는 욕망과 자신의 마음을 바꾸려는 욕망 사이의 선택의 연속이다. 그러나 이 둘이 늘 갈등관계에 있는 것만은 아니다. 마음을 바꾸는 전략이 소극적인 자기보호나 방어기제만도 아니다. 때로는 마음을 바꾸는 것이 최선의 전략일 때도 있다.

문제는 균형이다. 삶의 천재들은 자신의 나이와 상황에 맞는 최적의 균형점을 찾아낸다. 가장 아이다운 아이는 마음을 바꿔 세상을 견디기보다 세상을 바꿔 원하는 것을 얻어낸다. 다섯 살 꼬마가 '인생이 다 그렇지'라고 말한다면 대견하기보다는 소름 돋지 않겠는가? 어른도 마찬가지다. 인생의 유한함과 한계를 인식하고 마음의 힘을 키운 사람이 어른답지 않을까?

행복 연구에 따르면 두 가지 전략 모두 행복에 중요한 역할을 한다. 세상을 바꾸는 전략이 순간순간의 기분에 중요하다면, 마음을 바꾸는 전략은 자기 삶에 대한 전반적인 만족에 기여한다. 세상을 바꾸려는 노력에만 지나치게 힘을 쏟아온 것은 아닌지 반성해본다. 세상을 비난하고 상대를 적대시하면서 정작 자신의 내면을 관리하는 노력은 등한시하지 않았는지 자문해본다. 투쟁에는 열심이었지만 자기성찰에는 게으르지 않았는지 반성해본다.

마찬가지로 세상을 바꾸는 일에 너무 무관심하지 않았는지 자문해본다. 모든 일은 마음먹기에 달렸다는 훈계로 젊은이들에게 부담을 주지는 않았는지 반성해본다. 세상을 향한 치열함은 사라지고 마음속 평온함만 가득한 삶은 아니었는지 반성해본다.

균형이 '소신 없음'의 상징으로 치부되던 시대는 저물었다. 화끈하게 어느 한쪽을 택하라는 무모한 목소리도 사라졌다. 한 기도문의 간구처럼 바꿀 수 있는 것들을 바꾸려는 용기와 바꿀 수 없는 것들을 잠잠하게 받아들이는 평온함을 동시에 갖춘 균형감 있는 사람의 시대가 오고 있다.

CHAPTER 3

행복의 사도들

도덕과 행복이 분리된 시대,
행복에 품격과 윤리를 더하다

당신도 누군가에게는
또라이이다

주변 사람들이 다 이상해 보이기 시작한다면, 나이가 들고 있다는 증거다. 노안이 신체적 노화의 신호라면, 주변 사람들이 이상해 보이는 것은 정신적 노화의 신호다.

점점 나이가 들수록 세상은 극소수의 정상적인 사람과 대다수의 이상한 사람들로 구성되어 있다고 믿게 된다. 예를 들어 이들은 대학에 딱 두 부류의 교수만 있다고 믿는다. 이상한 교수와 더 이상한 교수. 증세가 심한 사람은 세 부류의 교수가 있다고 주장한다. 이상한 교수, 더 이상한 교수 그리고 정말 이상한 교수. 교수뿐이겠는가? 이들에게 회사는 이상한 상사, 더 이상한 상사 그리고 정말 이상한 상사가 존재하는 곳이다.

나이가 들면 주변 사람들의 이상한 구석들이 이상하게 눈에 잘 띈다. "솔직히 걔도 참 이상해." 중년을 넘긴 사람들이 친구들을 평할 때 내놓는 단골 푸념이다. 얘도 이상하고 쟤도 이상하고. 그런 식으로 한 명 한 명 평하다 보면 이상하지 않은 친구가 없다. 결국에는 친구 품평회를 하던 그들이 서로를 보며 이렇게 말한다. "솔직히 너도 이상해."

친척도 회사 사람들도 대권 후보들도 이상해 보인다. 심지어 가족도 이상해 보인다. 이런 '이상해 시리즈'는 자녀에 대한 부모의 솔직한 평가에서 절정을 이룬다. "우리 애니까 참기는 하지만 걔도 참 이상해." 왜 나이가 들면 사람들이 이상해 보일까? 실제로 사람들이 이상해지는 걸까? 아니면 우리가 이상해지는 걸까?

나이가 들수록 상대를 아는 데 필요한 정보량이 증가하는 속도보다 상대를 안다는 확신이 커지는 속도가 훨씬 빨라진다. 상대에 대한 정보가 산술급수적으로 증가한다면 상대를 안다는 확신은 기하급수적으로 증가하는 것이다.

아주 예외적인 경우를 제외하면, 우리가 오래 교류해온 사람들에 대해 알고 있는 정보는 지금이나 과거나 별 차이가 없다. 정보량은 늘지 않았는데 그를 잘 안다는 확신만 무섭게 늘어났다.

그 결과, 우리는 타인의 행동에 영향을 주는 많은 상

황적인 요소들에 대한 충분한 고려 없이 그들의 행동을 쉽게 단정 짓는다. 그런 요인들을 고려하지 않은 채, 아니 알려고 하지 않은 채, 그들을 잘 안다는 확신에 속아 그들의 행동을 너무 쉽게 그들의 캐릭터로 설명해 버린다. 그러니 이상해 보일 수밖에.

나이가 들수록 사람들이 이상해 보이는 두 번째 이유는, 상대를 옛날 모습으로만 기억하고 평가하기 때문이다. 예전에 가르쳤던 학생이 이미 졸업하고 어엿한 가장이 되었음에도 교수는 여전히 그를 학생 때 모습으로 평가한다. 예전에는 부하 직원이었지만 지금은 한 조직의 책임자가 된 사람을 여전히 부하의 모습으로 평가한다.

가장은 가장으로서, 책임자는 책임자로서 역할에 맞게 고려해야 할 요인들이 생겨나기 마련이다. 그들의 달라진 행동에는 다 그럴 만한 이유가 있다. 나만 성장하는 것이 아니라 상대도 성장한다. 나이와 함께, 직급과 함께 그들도 성장한다. 그들을 지금의 나이와 직위에 맞게 대접해주어야 한다. 그렇지 않으면 우리 입에서 '저 사람 변했어. 이상해'라는 말이 나올 수밖에 없다.

나이가 들수록 사람들이 이상해 보이는 세 번째 이유는, 요새 행복하지 않기 때문이다. 기분이 안 좋은 상태일 때 타인에 대한 평가는 박해진다. 스트레스가 쌓여 폭발 직전이면 나 빼고 다 이상해 보이기 마련이다.

이도 아니라면, 나이가 들면서 나태해졌기 때문이다. 뚜렷한 목표가 있는 사람은 남을 흉볼 여유도 없고 그럴 이유도 없다. 관심은 우리의 주의를 결정한다. 목표가 있는 사람은 관심의 대상에게만 주의를 집중하기 때문에 그 외의 대상은 보이지 않는다. 특별한 이유 없이 모두가 이상해 보이기 시작했다면, 당신에게서 목표가 사라졌다는 신호다. 하고 싶은 일과 해내야 하는 일이 사라진 마음의 공간을 '이상한 사람들'이 채우고 있는 것이다.

'그래도 진짜 이상한 사람은 있어'라는 내면의 목소리가 들려온다. '나를 괴롭히는 사람들은 이상한 사람임이 틀림없어. 그렇지 않고서야 어떻게 나 같은 사람을 오해할 수 있을까?'

과연 그럴까? 그들의 눈에는 내가 얼마나 이상한 사람이었을까? 나만 정상인 세상은 정말 이상한 세상이 아니겠는가. 나도 누군가에게는 또라이가 아니겠는가.

주변 사람들이 다 이상해 보이기 시작한다면 자기 자

신도 타인의 눈에는 이상하게 보인다는 점을 깨달아야 한다. 추가로, 자신에게 정신적 노안이 왔음을 인정해야 한다. 사람을 보는 눈이 흐려진 것이다. 세상은 여전히 좋은 사람, 더 좋은 사람 그리고 정말 더 좋은 사람들로 넘쳐난다.

이기적인 사람도 때론
이타적이고 싶다

목욕탕에 가기를 두려워하는 어린아이가 있다. 이유를 물었더니 몸에 때가 많아서라고 한다. 목욕탕은 몸에 때가 있기 때문에 가는 곳이라고 설득하자, 남들 보기 창피하니 집에서 미리 씻고 가겠다고 한다.

헬스장에 가기를 꺼리는 청년이 있다. 이유를 물었더니 몸이 너무 볼품없어서라고 한다. 그렇기 때문에 헬스장에 가야 한다고 설득하자, 남들 보기 민망하지 않도록 몸을 어느 정도 만든 다음에 가겠다고 한다.

기부하기를 주저하는 중년이 있다. 이유를 물었더니 자신이 기부할 정도로 착한 사람이 아니어서라고 한다. 지금부터라도 기부를 시작하면 착한 사람이 될 수 있다고 하자, 스스로가 위선자인 것 같아서 착한 사람이 먼저 되고 나서 기부를 하겠다고 한다.

하지만 그 이후로도 아이는 목욕탕에 가지 못했고, 청년은 헬스장에 발을 들여놓지 못했으며, 중년은 기부를 하지 못했다.

우리는 종종 완벽주의적인 기준을 들이대 스스로의 행동을 억압해버린다. 특히 명예, 자부심, 뿌듯함, 타인의 인정 그리고 세금 혜택 같은 어떤 종류의 대가도 없이 타인을 도울 때라야만 진정한 의미에서 타인을 돕는 것이라는 완벽주의의 기준을 사용하기 때문에 선뜻 타인을 돕는 행위에 나서지 못한다.

착한 행동을 하다 보면 착한 사람이 될 수 있다는 가능성은 무시한 채, 착한 사람이 먼저 되어야만 착한 행동을 할 수 있다는 완벽주의의 잣대를 스스로에게 적용하기 때문에 착한 행동을 못하는 것이다. 마음속에 이기심이 가득한데 어떻게 타인을 도울 수 있느냐며 손사래를 친다.

그러나 우리에게는 충동 기부나 충동 봉사를 하고 싶은 순간들이 종종 찾아온다. 하늘을 우러러 한 점 부끄러움 없는 착한 삶이었다고 자신할 수는 없지만 그래도 가끔은 착한 일을 하고 싶다는 마음이 들 때가 있다. 착한 일을 한 번 했다고 앞으로도 계속해서 착한 삶을 살아갈 거라는 자신은 없지만 그래도 착한 일을 하고 싶은 충동을 느낄 때가 있지 않던가.

이런 충동을 억압하는 것이 이타성에 대한 완벽주의

기준이다. 순수한 마음으로 돕지 않는다면 아예 돕지 않는 것이 좋다는 자기검열의 목소리가 내면에서 들려온다. '네가 언제부터 착한 사람이었다고? 네 자신의 기분과 만족을 위해 남을 돕는 건 위선이야!'

자기 자신을 위한 어떤 이기적 의도가 없고, 남을 돕는 행위를 통해 자신에게 돌아오는 어떤 형태의 이득도 없어야 한다는 '순수 이타성'에 대한 고상하고 도덕적인 기준이 우리의 발목을 잡는다.

이타성에 대한 완벽주의적인 기준 때문에 우리 사회에서는 착한 일을 하고도 욕을 먹는 경우가 있다. 착한 일을 한 사람이나 기업을 상대로 꿍꿍이가 있어서 그렇다거나, 세금 혜택 때문에 기부한 것이라거나, 기업 이미지를 좋게 하려는 쇼에 불과하다고 비판하는 경우가 부지기수다. 사회가 이런 비판을 습관적으로 하게 되면 착한 일을 해보려는 개인과 기업의 충동은 억압될 수밖에 없다.

오른손이 하는 일을 왼손이 모르게 하라는 종교적 가르침도 이타성에 대한 완벽주의를 부추긴다. 과시적 선행을 경계하는 종교적 가르침은 옳다. 그러나 자기의 선행을 주변 사람들에게 '슬쩍' 공개하고 싶은, 혹은 누군가가 세상에 알려주었으면 하는 그 작은 바람마저도 '위장된 이기심'이라고 짓밟아버린다면 이타적 행위는 철저하게 억압될 수밖에 없다.

선행이 공개적으로 인정받았을 때 오히려 이타적 행위가 증가한다는 주장은 익명성과 자기희생을 강조하는 완벽주의적인 기준 앞에서 여지없이 '속물'이 되고 만다. 남을 돕고 나서 내게도 좋은 일이 생긴다면 좋은 일이 아닌가? 이타적 행위를 통해 자기 자신이 행복해진다면 그것 역시 좋은 일이 아닌가? 자기만족을 위해 남을 도와서는 안 된다는 순수 이타성의 기준을 도대체 얼마나 강하게 적용해야만 할까?

최근 서울대학교 행복연구센터에서 진행한 연구에 따르면 순수 이타성에 대한 완벽주의적인 기준을 가지고 있는 사람일수록 개인과 기업의 친사회적 행위를 덜 이타적인 것으로 간주한다고 한다. 무언가 숨겨진 의도가 있을 거라고 의심을 하는 것이다. 이들은 이타적 행위를 한 사람들을 공개적으로 칭찬해주려는 시도에도 강하게 반대한다.

더 흥미로운 점은, 이들 자신이 평소에 남을 돕는 행위를 덜 한다는 사실이다. 순수해야만 이타적이라는 높은 기준을 가지고 있기 때문에 자기 스스로도 쉽게 이타적인 행위를 하지 못하는 것이다. 마치 때가 많아서 목욕탕에 가지 못하는 아이처럼, 몸매가 별로여서 헬스장에 가지 못하는 청년처럼.

우리는 늘 우리 자신이 가진 동기의 순수성을 점검해야 한다. 그러나 순수에 대한 과도한 집착이 오히려 부작용을 낳는다는 점도 기억해야 한다. 순수 이타성에 대한 과도한 집착은 오직 소수의 사람만이 착한 일을 하게 되는 효과를 불러올 수 있고, 착한 일을 하는 사람들의 의도를 의심하게 할 뿐 아니라, 우리가 아직 착한 사람이 아니라는 이유로 우리 안의 이타성을 억압하는 역효과를 가져올 수도 있다.

이기적인 사람도 때로는 이타적인 행동을 하고 싶다. 경제적 이득을 추구하는 기업도 때로는 사회적 가치를 추구하고 싶어 한다. 우리 모두에게서 순수 이타성에 대한 완벽주의의 멍에를 걷어내야 한다. 그렇지 않으면 때가 많은 상태로는 목욕탕에 가지 않으려는 아이처럼 영영 목욕탕에 못 가게 될 수도 있다.

지지 않는 사람이
싫다

지고 싶다는 소망을 간절하게 가져본 적이 있는가? 지지 않는 자신의 모습에 환멸을 느껴본 적이 있는가? 일부러 져주는 인정(人情)의 상황을 말하는 것이 아니다. 지는 것이 이기는 것인 전략적 상황을 말하는 것도 아니다. 한 번쯤은 져주어야만 하는 호혜(互惠)의 상황을 말하는 것은 더더욱 아니다. 이기려는 욕망이 괴물처럼 자라나, 삶의 모든 영역에서 자신이 이겨야만 하는 비극적인 상황을 말하는 것이다.

지지 않는 사람들은 이기는 방법을 어떻게든 찾아낸다. 때로는 합법적으로 또는 불법적으로. 이겨야만 큰 성공이 뒤따르는 상황이 아님에도 불구하고 절대 지지 않는다. 아니 지지 못한다. 사소한 영역에서조차 그렇다. 자신이 지고 있다고 판단되면 그들은 본능적으로 편법을 도모한다. 천성이 악해서가 아니라, 이기는 습관이 DNA처럼 새겨진 탓에 지고 싶어도 질 수 없는 불행한 괴물이 되어버렸기 때문이다.

지지 않는 사람들은 삶의 전 영역을 이기는 영역으로 채운다. 공적인 영역이 아닌 지극히 사적인 영역에서도 자신이 모든 것을 주도하고, 자신이 그 중심에 서기를 원한다. 지는 영역에는 애초부터 발을 들이지 않기 때문에 지는 경험은 갈수록 빈약해진다.

지지 않는 사람들의 가장 큰 흠은 갈등을 풀어가는 지

혜와 진심이 부족하다는 점이다. 이들은 자신이 지지 않는 방법으로 문제를 해결하려 하기 때문에 극단적인 선택을 주저하지 않는다. 관계에 문제가 생겼을 때도 꼭 그 사람이 아니어도 된다는 생각에 관계를 끊는 파국적 선택으로 갈등을 종결해버린다.

게다가 어떤 경우든 상대의 자존심을 건드려 본때를 보여주려고 한다. 그렇게까지 하지 않아도 될 일임에도 반드시 상대의 자존심에 상처를 내고야 말며, 자신의 역린을 건드린 사람이라고 판단되면 가차 없이 내친다. 하지 말아야 할 말, 넘지 말아야 할 선을 의도적으로, 그리고 습관적으로 넘는다.

이들이 정말 무서운 이유는 자신들의 파국적 선택을 반성한다는 점이다. 가까운 사람들에게 자신의 고뇌와 과오를 토로하면서 겸손함이라는 승리까지 거머

쥔다. 이미 그들의 손에 의해 잘려나간 사람들은 이 괴물들을 위한 성찰과 겸손의 예식에 또다시 희생당하는 것이다. 지지 않는 괴물들의 칼 같은 마무리가 아닐 수 없다. 이들에게 무섭지만 따뜻한 사람이라는 양가적 이미지가 포장된 이유다.

이 지지 않는 괴물이 자기 안에서 거친 숨소리를 내며 살고 있다는 절망을 가져본 사람들이라야 지고 싶다는 소망의 간절함을 이해할 수 있다. 그런 사람들이라야 지고 싶어도 지지 못하는 고통을 느낄 수 있다.

세상은 우리에게 이기는 연습만을 시킨다. 이기는 습관은 성공의 상징이 되었고, 이기지 못한 자의 아픔을 보듬는 일은 성공한 자의 미덕이 되었다. 그러나 세상의 큰 문제들은 이기지 못한 사람이 아니라 지지 못하는 사람들에 의해 생겨난다. 질 줄도 모르고 져본 적도 없는 자들의 감정싸움 때문에 원만히 해결될 문제가 악화되는 일이 얼마나 많은가. 권력자와 엘리트들의 일탈은 지지 못하는 그들의 고질병 때문이 아니던가.

지는 연습을 해야 한다. 져주는 것이 아니라 제대로 져야 한다. 가장 효과적인 연습 방법은 내가 질 수밖에 없는 영역을 많이 만드는 것이다. 자신이 초보인 영역에 직접 들어가 고수나 스승들을 만나봐야 한다. 내 삶에 내가 중심이 되지 않는 영역 하나쯤은 반드시 있어야 한다.

지지 않는 괴물들은 그런 영역조차 자기가 주도해서 만들지도 모른다. 그러나 자기가 주도해서 만든 초보 영역은 또 하나의 지지 않는 영역이 될 뿐이다. 주도하지 말고 끌려가는 연습을 해야 한다.

지는 영역이 있는 사람에게는 정직함이 있고 여유가 있으며 따뜻함이 있다. 지지 않는 사람에게는 성공은 있을지 몰라도 진심이 없다. 타인에 대한 애정도 심각하게 부족하다. 그들에게 세상이란 자기가 지지 않도록 도와주는 수단일 뿐이다. 지는 연습이 되어 있는 사람들이라야 지는 사람들을 보듬을 수 있다.

나는 그늘이 없는 사람을 사랑하지 않는다.
나는 그늘을 사랑하지 않는 사람을 사랑하지 않는다.[4]

정호승 시인의 시 한 구절을 이렇게 바꿔서라도, 이제부터 지는 연습을 충실히 하고 싶다. '나는 지지 않는 사람을 사랑하지 않는다. 나는 지는 것을 사랑하지 않는 사람을 사랑하지 않는다.'

4   정호승, 「내가 사랑하는 사람」 중 부분

지옥 위에 천국을 세우는
공동체가 필요하다

인류는 역사상 가장 안전하고 편안한 삶을 살고 있다. 전쟁·기근·자연재해·질병·폭정의 공포가 일상이던 시대에 비하면 지금은 가히 평화와 행복의 시대라고 할 수 있을 정도다.

과학 기술의 발전과 민주주의의 진보가 만들어낸 새로운 종류의 위협과 갈등을 가리키며 오히려 과거가 더 살기 좋았다고 주장하는 사람들이 없지는 않으나 마취 없이 이를 뽑아야 했던, 이유 없이 강자의 폭력에 시달려야 했던, 그리고 삶의 대부분을 노동에 바쳐야 했던 그 과거로 돌아가기를 간절히 원하는 사람은 많지 않을 것이다. 스티븐 핑커(Steven Pinker)는 『우리 본성의 선한 천사』와 『Enlightenment Now』라는 책에서 데이터에 근거하지 않고 과거를 이상화하려는 낭만적 사회비평가들의 위험성을 경고한다.

재난과 역경 그리고 우리 안의 악한 본성을 다스릴 수 있다는 자신감은 분명 축복이다. 하지만 역경을 통해 얻을 수 있는 역설적인 축복의 기회가 점점 사라지고 있음은 매우 아쉬운 부분이다.

우리 자녀들은 마치 '깨지기 쉬운(fragile)'이라는 경고장이 붙은 택배 상자들처럼 자라나고 있다. 과잉보호가 부모의 적극적 개입이라는 이름으로 포장되면서 양육의 범위와 기한이 자발적으로 늘어나고 있다.

또한 역사상 가장 안전한 사회를 구축한 나머지, 우리는 역경을 극복하는 힘을 오롯이 개인의 내부에 위치시키고, 의지만 있으면 어떤 고난도 이겨낼 수 있을 뿐 아니라 오히려 고난을 통해 성장해야 한다는 과제를 스스로에게 부과했다. 개인의 회복 탄력성은 이상적인 인간의 필수 조건이 되었고, 회복 탄력성을 획득하기 위한 방법으로 개인의 훈련이 강조되기 시작했다.

회복 탄력성이 높은 사람들의 내적 특성을 이해하고 그 특성들을 갖추기 위해 노력하는 것은 매우 중요하다. 그러나 회복 탄력성은 개인의 특성이면서 동시에 공동체의 특성이다. 역경을 딛고 성장하는 사람들에게 불굴의 의지만 있는 것이 아니다. 그들에게는 역경의 시기를 함께한 공동체가 존재한다. 그들에게는 말을 건넬 수 있는 친구가 존재하고, 역경을 새로운 관점에서 해석할 수 있도록 도와주는 종교 공동체가 있으며,

삶의 깊은 주제들에 대해 의견을 교환할 수 있는 동지들이 존재한다. 실제로 이혼·사별·질병·재해와 같은 힘든 일을 겪은 후에 오히려 더 성장한 사람들을 분석한 연구에 따르면 그들의 저력은 내적이면서 동시에 외적이었다. 심리적이면서 동시에 사회적이었다.

재난 앞에서 망연자실하면서도 그 경험이 '매우 환상적이었다'고 말하는 사람들이 있다. 공포 속에서 가장 묵직한 인간애를 느꼈다고 고백하는 사람들도 있다. 역경은 사람들을 가깝게 만든다. 처음 보는 사람들끼리도 서로 말을 건네고 위로하며, 전쟁터의 군인들처럼 깊은 전우애를 느낀다. 이런 공동체적 저력이 탄력적인 개인을 만들어낸다. 대형 재해를 겪은 사람들이 역설적으로 어떻게 더 성장하는지를 분석한 리베카 솔닛(Rebecca Solnit)의 책 『이 폐허를 응시하라』는 역경을 극복해내는 공동체의 저력을 감동적으로 보여준다.

명상을 통해 마음의 힘을 키우고, 관점을 바꿔보는 노력을 통해 정신의 근력을 키우는 작업은 매우 중요하다. 고통 속에 숨겨진 의미를 발견하기 위한 글쓰기도 탄력성을 키우는 데 매우 효과적이다. 그러나 신뢰할 수 있는 공동체를 만드는 것, 가십이나 잡담만을 나누는 관계가 아니라 삶과 죽음, 영혼, 사랑, 일, 행복 그리고 우주에 대해 의견을 나눌 수 있는 관계를 형성하는 것 역시 중요하다.

최근 우리 사회에 닥친 정신적 혼란은 거의 재난 수준이다. 회복 탄력성이 높은 공동체는 이런 상황에 어떻게 대처할까? 상대의 잘못을 엄중히 묻고 대립하고 경쟁하는 모습도 보이겠지만, 보다 근본적인 주제들에 대해 고민하는 대화들도 나누지 않을까? 도덕이란 무엇인가? 인간은 윤리적일 수 있는가? 우리 모두 높은 사회 계층으로의 진입을 꿈꾸지만 높은 계층의 위험성은 없는 것일까? 물리적 재난을 경험한 사람들에게 심리 서비스를 제공하듯이 정신적 혼란을 경험하고 있는 사람들에게도 도움을 제공해야 하지 않을까? 어린 학생들에게 지금의 사태를 어떻게 설명하는 것이 좋을까?

회복 탄력성이 높은 공동체가 던질 것 같은 부러운 질문들이다. 지옥 같은 고난 위에 세워진 천국은 늘 공동체의 산물이었다.

타인의 정신세계도
깊다

미국 대통령 조 바이든의 당선 수락 연설은 그의 당선이 갖는 의미에 비해 다소 평범했다. 사실 지루하기까지 했다. 부통령 당선자인 카멀라 해리스의 연설이 워낙 강렬했던 탓도 있다.

최초의 여성 부통령 당선이라는 의미를 부각시키기 위해 여성의 참정권 투쟁을 상징하는 흰색 정장을 차려 입은 해리스는 젊고 패기 넘쳤으며 그의 문장들은 영감으로 가득했다. 그에 비해 바이든의 연설에는 군중을 흥분시킬 만한 특별한 내용이 없었다. 선거 기간 내내 내세웠던 원칙들을 다시 반복하는 연설이었다.

하지만 바이든의 연설이 실망스럽지 않았던 이유는 그의 주장이 지극히 상식적이고 예측 가능한 내용이었기 때문이다. 아니 그런 내용만을 담고 있었기 때문이다. 상식적이고 예측 가능한 것들이란 원래 진부한 법. 그러나 그동안 미국 사회에 난무했던 비상식과 예측 불가능성으로 인해 사람들이 가장 듣고 싶었던 말은 지극히 상식적이고 예측 가능하며 원론적인 이야기들이었다. 지루해서 신선했고, 특별하지 않아서 안심이 되는 연설이었다.

바이든 연설의 핵심은 서로에 대한 '악마화(demonization)'를 멈추자는 것이다. 악마화의 본질은 적(敵)을 인간 이하의 존재로 규정하는 것이다. 적을 인간보다 못한 금수의 존재, 혹은 생명체가 아닌 단순한 물적 대상으로 폄하시켜 그 적을 향한 공격에 도덕적 정당성을 부여하는 것이 악마화다.

그런 의미에서 악마화는 비인간화(dehumanization)의 일종이다. 악마화는 그 끔찍한 이름 때문에 소수의 극단적인 사람들만의 전유물이라고 생각하기 쉽지만, 사실 악마화와 비인간화는 우리 삶에 편재해 있다.

일상생활에서의 비인간화는 타인을 자신에 비해 정신적이고 심리적인 동기가 약한 존재로 보는 것으로 발현된다. 타인은 그저 동물적이고 신체적인 동기에 의해 움직일 뿐이라고 생각한다면, 그래서 심미적 욕구나 자존감 욕구 그리고 자기실현 욕구 등과 같은 정신적 욕구는 중요하게 생각하지 않을 거라고 판단한다면 우리는 상대를 비인간화하고 있는 것이다.

자기가 고용한 사람에게 월급만 주면 되었지 그 이상 무엇을 더 해주어야 하냐며 갑질을 해대는 사람들은 갑질의 차원을 넘어 그들을 비인간화하고 있는 것이다. 법대로 처리했을 뿐이라며 상대가 느낀 모욕감 따위는 안중에도 없는 사람들도 마찬가지다. 자신을 무시하는 발언에는 즉각 분노하면서 자기보다 약한 사람들에게 습관적으로 무시하는 발언을 일삼는 사람들은 또 어떠한가?

심리학 연구에 따르면 사람들은 자기 자신은 내적 동기에 의해 행동하지만 타인은 외적 동기에 의해 행동하는 경향이 강하다고 믿는다. 돈만 주면 문제가 해결될 거라는 생각이나 직원의 동기를 끌어올리기 위해 월급이나 복지제도 같은 외적 보상에만 신경 쓰는 것도 이 때문이다. 자신에게 꿈과 인생의 의미가 중요한 것처럼 타인에게도 금전적 보상만이 아니라 성취동기,

삶의 의미, 자율성이 중요하다는 점을 우리는 까맣게 잊고 살아간다.

게을러 보이는 자녀에게 '생각이란 걸 하고 사느냐'며 핀잔을 주면 자녀들은 '나도 다 계획이 있다', '나도 앞날에 대해 고민하고 있다'고 항변한다. 그런 자녀에게 '퍽도 고민하겠다'라고 무시한다면, 어쩌면 그 부모들은 자녀를 비인간화하고 있는 것일지도 모른다.

학생들의 자존감에 상처 주는 말을 쉽게 던져놓고는 태연하게 '미안해'라고 말만 하는 교사도 학생을 비인간화하고 있는지 모른다. 거리의 노숙자에게 먹을 것과 잘 곳을 마련해주는 것만으로 충분하다고 생각하고 그들의 자존심에는 아무런 관심도 없다면, 그들을 그저 먹고 자는 생물학적 욕구에 의해서만 움직이는 존재로 보고 있다는 증거다.

타인의 정신세계도 우리의 정신세계만큼이나 깊다. 그들도 우리처럼 정교한 존재다. 그들의 행동도 우리의 행동만큼이나 다 그럴 만한 이유가 있는 복잡한 정신 작용의 산물이다. 그들도 우리처럼 원초적 본능 외에도 삶의 의미에 대해 고민하는 존재이고, 누추한 곳에 눕더라도 최소한의 존엄을 지키고 싶어 하는 존재다. 이주 노동자, 성소수자, 경비원, 택배 배달원, 정치적 반대 세력, 기간제 교사, 부하, 노숙자… 그 누가 되었든 그들도 깊고 복잡한 정신세계를 가지고 있다.

"우리가 돈이 없지 가오가 없나?"라는 말이 자신에게만 적용되는 것이 아니라는 이 단순하면서도 참된 이치를 우리는 왜 모르고 사는 것일까?

열린 마음은 깊고 넓고
독보적이다

우리 마음의 뜻밖의 기원은 전염병이다. 우리 마음에는 선조들이 반복적으로 겪어온 전염병의 흔적이 있다.

그동안 마음의 기원을 찾으려는 다양한 연구들이 진행되어 왔다. 그중 최근 들어 주목받고 있는 연구가 전염병과 마음의 관계다. 코로나19 사태를 통해 실시간으로 체험하고 있듯이 대규모 전염병은 우리의 라이프 스타일을 통째로 바꿔놓는다. 소비와 사교 패턴을 바꾸고, 일하는 방식을 바꾼다. 수업과 예배와 미사의 형식을 바꾸고, 축하와 애도의 방식까지 바꾼다. 사회적 거리두기라는 이름으로 행해지는 이런 일체의 변화들은 감염의 위험을 줄이려는 예방 행동이지만 궁극적으로는 우리의 문화와 의식까지 바꿔놓을 수 있는 힘을 지니고 있다.

사회적 거리두기 행위들의 공통점은 '이동(mobility)의 제한'이다. 개인이 활용하는 공간의 범위가 축소되고, 국가들은 저마다 국경을 닫는다. 이동을 꿈꾸는 자들의 꿈은 유보되고, 다른 문화와의 접촉은 죄악시되기까지 한다. 가족이 아닌 사람들을 경계하고, 집이 아닌 공간들을 회피하게 된다.

이동성의 쇠퇴는 물리적 폐쇄성을 유발하고, 물리적 폐쇄성은 필연적으로 의식의 폐쇄성을 가져온다. 외집단에 대한 경계가 강화되고, 내집단에 대한 응집이 공고해진다. 강력한 규범을 지배 원리로 하는 집단주의 문화가 생겨나고, 개인의 자유와 권리는 집단의 생존을 위해 제한되고 침해받는다. 개성보다는 생존이, 개방성보다는 폐쇄성이 의식의 지배 원리로 자리한다.

그러다 보면 개인 중심의 도덕보다는 집단 중심의 도덕이 우세해 집단에 대한 충성과 권위에 대한 복종이 요구된다. 급기야 외집단에 대한 편견과 차별이 정당화되기 시작한다. 개인과 사회 모두 다른 사람과 다른 세상을 향한 마음의 문을 닫기 시작하는 것이다.

코로나19 사태와 같은 일들을 반복적으로 겪어왔다고 생각해보라. 바이러스의 존재를 몰랐던 시절에, 항생제가 존재하지 않았던 시절에, '드라이브 스루(drive-through)'와 같은 혁신적인 진단 시스템은 꿈도 꿀 수 없었던 시절에 대규모 전염병이 반복적으로 창궐했다면 우리가 택할 수 있는 최선의 생존 전략은 물리적 그리고 정신적 '폐쇄'일 수밖에 없었을 것이다.

역사적으로 대규모 전염병이 창궐했던 지역들과 그렇지 않았던 지역들을 비교해보면, 이런 생각이 소설 같은 이야기인지 아니면 나름의 근거가 있는지 알 수 있다. 사상충, 뎅기열, 결핵과 같은 질병이 역사적으로 어느 지역에, 어느 수준으로 창궐했는지 추정한 기록을 기초로 일군의 심리학자들은 세계 230여 개 지역의 병원균 창궐 정도를 점수화했다.

이 점수들을 바탕으로 각 지역 사람들의 심리적 특성을 분석한 결과, 마음의 기원이 전염병에 있을 가능성이 크다는 것을 알게 되었다. 우선 각 지역의 개인주의와 집단주의의 정도를 살펴보면 대규모 질병이 창궐한 지역일수록 집단주의 성향이 강했다. 더 내성적이고 덜 개방적인 것으로 나타났다.

외향성과 개방성은 타인과 새로운 세상에 대한 접촉을 유발하는 요인이자 그런 접촉으로 인한 결과물이기도 하다. 반복되는 대규모 전염병으로 인해 생존이 위협받는 지역에서는 타인과의 접촉을 지향하는 외향성과 개방성이 위축될 수밖에 없음을 시사하는 결과다. 또한 역사적으로 대규모 감염병이 자주 발생한 지역일수록 그 지역의 창의성이 낮았다. 열린 마음이 창의성의 핵심임을 감안할 때 그리 놀랄 만한 결과는 아니다. 그런 지역일수록 민주주의 정도가 약하며, 여성의 사회적 지위도 낮은 것으로 나타났다.

전염병이 마음의 유일한 기원은 아니다. 그러나 전염병이 우리의 의식까지 바꿀 수 있다는 점을 알고 나면 코로나19 이후 결코 등한시해서는 안 되는 것이 있음을 알게 된다. 바로 마음의 폐쇄성을 극복하고 의식의 개방성을 회복하는 일이다.

국경을 넘나들어야 한다. 현관을 개방하고 친구들을 초대해야 한다. 무엇보다 집단에 근거한 편견을 내려놓아야 한다. 코로나19 사태로 인해 의식의 저편에 은밀하게 생겨난 다른 인종과 다른 지역에 대한 미움을 내려놓아야 한다. 생존이라는 이름으로 위축된 개인의 권리와 개성을 회복해야 한다. 영화관으로, 미술관으로, 콘서트장으로 재빠르게 내달려야 한다. 의식의 폐쇄성이야말로 우리의 영혼을 감염시키는 위험한 바이러스이기 때문이다.

모든 걸 설명하려
들지 않는 사람이 좋다

가상의 연구실 장면, 하나

상위 계층 사람들과 하위 계층 사람들 중 코로나19 사태로 행복감이 더 감소한 쪽은 어디일까? "하위 계층의 행복감이 더 하락했습니다"라고 초기 분석 결과를 발표하는 연구원의 얼굴이나 그 발표를 듣는 다른 연구진들의 표정에서 놀람이나 당혹스러움의 기색은 찾아볼 수 없다. '수입 감소', '실직에 대한 두려움', '안전망 부족' 등 머릿속에 당장 떠오르는 요인 몇 개만 생각해도 너무나 당연한 결과다.

며칠 후, 분석의 오류를 발견한 연구원이 결과를 다시 발표했다. "처음에 발표한 것과는 반대로 상위 계층의 행복감이 하위 계층의 행복감보다 감소폭이 크게 나타났습니다." 분석이 잘못되지는 않았는지, 데이터 입력에 오류는 없었는지 확인해보라는 연구원들의 조언이 이어졌다. 장내의 술렁거림도 잠시, 교수가 상황을 정리했다. "행복을 위한 여가 활동은 애초부터 상위 계층의 몫이지. 여가 활동이 대폭 위축된 상황에서 상위 계층의 행복감이 크게 하락할 수밖에 없어. 하위 계층에게 그런 여가 활동은 처음부터 불가능했어." 상위 계층의 행복감 하락이 더 클 수밖에 없는 불가피한 이유들이 연구진의 의식에서 명확해지기 시작했다.

가상의 연구실 장면, 둘

외향적인 사람과 내성적인 사람 중 코로나19 기간 동안 누가 더 힘들었을까? 내성적인 사람은 평상시에도

'사회적 거리두기'를 하기 때문에 코로나19 사태로 인한 행복의 감소가 크지 않을 것이라는 예측이 연구진들 사이에 지배적이었다.

물론 반대 의견도 존재했다. 외향적인 사람은 사회적 거리두기로 인해 다른 사람을 직접 못 만나는 대신, SNS나 화상 통화 등을 통한 관계 유지 활동을 적극적으로 할 것이므로 그들의 행복감 하락이 더 적을 것이라는 의견이었다. 제3의 소수 의견도 존재했다. 행복에 미치는 성격의 힘이 워낙 강고하기 때문에, 코로나19 상황에서도 외향적인 사람과 내성적인 사람의 행복의 차이는 그대로 유지될 것이라는 예측이었다.

초기 분석을 담당한 연구원이 "코로나19 기간 동안 행복이 감소하는 데 성격의 차이는 별다른 영향을 주지 않았습니다"라고 분석 결과를 보고했다. 성격과 행복에 관한 기존 연구에 근거해 얼마든지 설명 가능한 결과였다. 연구진은 경쟁하듯 성격의 위력을 밝힌 기존 연구들에 대해 언급하기 시작했다.

며칠 후, 초기 분석 결과가 바뀌었다. 외향적인 사람의 행복감 하락이 더 큰 것으로 밝혀졌다. "그러면 그렇지"라는 교수의 반응을 신호로 모든 연구원이 외향적인 사람의 행복감이 더 하락할 수밖에 없는 이유들을 거론하기 시작했다. '사회적 거리두기'가 외향적인 사람에게 치명적일 수밖에 없는 이유들이 연구진의 의식에서 점점 더 명확해졌다.

연구진의 속마음이 심란하다. 분석의 실수야 얼마든지 일어날 수 있고, 대외적으로 발표하기 전에 실수를 발견한다면 큰 문제는 아니다. 그들의 마음이 심란한 이유는 어떤 결과가 나와도 거뜬하게 설명해내는 자신들의 모습이 두렵기 때문이다. 결과를 알고 난 후에 설명하지 못할 게 없다면 우리는 천재인가 괴물인가? 결과만 알려주면 순식간에 설명을 해내는 우리의 창의성과 순발력에 감탄할 것인가, 아니면 우리의 자기기만과 지적 허영심에 연민을 느낄 것인가?

인간의 설명 능력은 인간의 예측 능력과 대비된다. 요즘 포스트 코로나 시대에 대한 예측들이 풍성하다. 그런데 모두가 큰 그림들이라서 예측이 틀릴 가능성은 보이지 않는다. 구체적으로 예측해야 그 정확성을 따져볼 수 있는데, 두루뭉술하게 예측하니 결코 틀릴 것 같지가 않다.

구체적 예측의 가치는 틀릴 수 있음에 있다. 틀려야 더 나은 구체적 예측들이 등장한다. 오류가 사유를 낳는 법, 안전한 예측에는 사유가 뒤따르지 않는다.

예측은 어렵고 설명은 쉽다. 그래서 우리의 예측은 두루뭉술하지만 우리의 설명은 확신으로 가득하다. 이 둘이 바뀌어야 한다. 예측은 구체적이어야 하고, 설명은 겸손해야 한다. 예측하려는 자는 구체적으로 예측하는 용기를 가져야 한다.

예측의 가치는 틀리지 않는 것에 있지 않고, 틀림을 통해 사유를 자극하는 것에 있다. 설명의 가치는 무엇이든 설명할 수 있다는 지적 허영에 있지 않고, 우리가 그렇게 확신에 차서 설명하는 과거가 조금 전만 해도 예측이 불가능했던 우리의 미래였음을 인정하는 겸손에 있다. 설명과 예측이 쏟아지는 시기에 진정한 용기와 진정한 겸손을 다시금 생각해본다.

자기만의 질문이 있는
사람에게 끌린다

'시그니처(signature)'란 본인 고유의 필체로 자기 이름을 적는 것, 즉 서명(署名)을 뜻하는 말이다. 레스토랑마다 시그니처 요리가 있고, 골프장마다 시그니처 홀이 있다. 그곳을 가장 잘 드러내는 요리와 홀을 뜻한다. 사람에게도 당연히 시그니처 특성이 있다. '그 사람' 하면 떠오르는 그만의 대표적 특성이다. 오바마를 떠올리면 품격이, 충무공 이순신을 떠올리면 용기가, 테레사 수녀를 떠올리면 박애가 생각나는 이유는 그것이 그들의 시그니처 특성이기 때문이다.

시그니처 특성은 시그니처 질문으로 나타난다. 그 사람 하면 떠오르는 그 사람만의 질문이 있다. 어느 드라마 주인공이 던졌던 "이게 최선입니까?"라는 질문이나, 고 정주영 회장이 습관적으로 던졌다는 "해보기나 했어?"라는 질문처럼 자기만의 질문이 있다.

어머니는 평생을 "밥은 먹었니?"라고 물으신다. 끼니를 걱정해야 할 형편은 이미 넘어섰고, 자식 역시 자녀를 둔 성인이 되었다는 사실을 알고 계신데도 그 질문을 쉬지 않는다. 자신의 존재 이유가 그 질문이기 때문이다. 어머니가 밥에 대해 질문하는 존재라면, 성직자는 영혼의 양식에 대해 질문하는 존재다. 그들의 정체성이 '육(肉)'이 아니라 '영(靈)'에 있기 때문이다. 한 사회에도 그 사회만의 시그니처 질문들이 있다. 갤럽은 각국 사람들의 행복을 측정하면서 다음과 같은 질문들을 던졌다.

어제 하루, 당신은 다른 사람들로부터 존중받았습니까?

어제 하루, 당신은 새로운 것을 배웠습니까?

어제 하루, 당신은 당신이 가장 잘하는 것을 했습니까?

어제 하루, 당신은 믿을 만한 사람이 있었습니까?

어제 하루, 당신은 당신의 시간을 어떻게 쓸지를 스스로 선택할 수 있었습니까?

이 질문들을 던진 이유는 여기에 대한 답이 우리의 행복과 긴밀한 관계를 맺고 있기 때문이다. 우리는 타인으로부터 무시당하지 않고 존중받을 때, 무언가를 배워서 성장했다는 느낌이 충만할 때, 열등감에 시달리지 않고 일을 잘해낼 때, 무슨 일이 생기더라도 믿을 사람이 있다고 안심할 때, 그리고 자기 삶을 주도적으로 살고 있을 때 행복을 경험한다. 행복은 존중, 성장, 유능, 지지, 자유와 같은 내면의 욕구에 의해 결정된다.

이 다섯 가지 질문들에 '예'로 답한 사람들의 비율을 토대로 각국의 순위를 정한 결과, 매우 충격적이게도 우리나라는 89개국 중 83위를 차지했다. 우리 사회가 주로 던지는 질문들은 경제적 부와 사회적 지위에 관한 것들이다. 돈을 잘 버는지는 묻지만 자율적으로 살고 있는지는 묻지 않는다. 대기업에 다니는지는 묻지만 존중받고 사는지는 묻지 않는다. 아파트 평수는 묻지만 외롭지 않은지는 묻지 않는다. 내면에 대한 질문이 실종된 사회다.

자기만의 질문을 가져야 한다. 나라는 존재의 본질을 드러내주는 시그니처 질문을 만들어내야 한다. 개인이건 사회건, 그것의 품격은 그가 던지는 질문의 품격을 넘어서지 못하기 때문이다.

타인도 나만큼은
도덕적이다

모든 죽음은 슬프다. 가볍게 여길 수 있는 죽음이란 어디에도 없다. 한 개인의 죽음은 그 개인과 가족의 사적인 사건일 뿐만 아니라, 모든 인간은 죽는다는 우리의 공유된 운명을 환기시켜주는 공적인 사건이다. 그래서 개인의 죽음 앞에서 우리는 하나가 된다. 죽음은 갈등과 충돌의 일시 정지를 가져온다. 죽음 앞에서 의견과 이해의 차이는 사소해진다. 망자에 대한 예의 때문만이 아니다. 우리 모두 '진짜 중요한 것은 무엇인가'라는 근원적인 질문에 맞닥뜨리기 때문이다.

그런데 어떤 죽음 앞에서는 사람들이 분열되기도 한다. 이유가 무엇일까? 왜 누군가의 죽음 앞에서 슬퍼하는 사람들과 조롱하는 사람들로 나뉘는 것일까? 왜 어떤 사람들은 '그보다 더한 사람들도 버젓이 살아 있다'는 안타까움과 분노를 느끼는 데 반해, 어떤 사람들은 '자살은 어떤 이유로도 미화될 수 없다'는 마땅하지만 차가운 말을 하는 것일까? 서로의 상대 진영은 서로가 생각하는 것처럼 그렇게 비도덕적일까? 죽음 앞에서 분열하는 마음들의 작동 원리는 무엇일까?

인간은 천성적으로 도덕적 존재다. 인간이 천성적으로 도덕을 추구한다는 의미에서만이 아니라, 인간은 모든 행위에 대해 '옳고 그름'이라는 도덕적 판단을 하는 존재라는 의미에서 그렇다. 그런 의미에서 보자면 심리학자 조너선 하이트(Jonathan Haidt)의 표현대로, 인간은 '의로운 마음(righteous mind)'을 품은 존재다.

우리는 각자의 기준에 의거해 행위의 옳고 그름을 판단하는 존재다. 도덕적 판단의 기준은 보편적인 동시에 문화 특수적이며 또한 개인마다 다르다. 따라서 누군가에게는 심각한 비도덕적 행위가 다른 사람에게는 대수롭지 않은 문제일 수 있다. 누군가는 잎새에 이는 바람에도 괴로워하지만 다른 누군가는 어디서든 당당하거나 뻔뻔하다. 도덕성의 수준이 다르기 때문이 아니라 도덕적 판단의 기초가 다르기 때문이다.

하이트의 이론을 빌려보자면 보수적인 사람들은 집단에 대한 충성, 권위에 대한 복종 그리고 종교적 순수성을 도덕의 중요한 판단 기준으로 삼는다. 집단을 배신하는 것, 권위와 명령에 복종하지 않는 것 그리고 소위 '성스럽지 못한 것'을 도덕적이지 않은 것의 기준으로 삼는다. 반면에 진보적인 사람들은 타인에게 해를 끼치지 않는 것과 공정성을 가장 중요한 도덕적 판단의 기초로 삼는다.

보수의 도덕적 기초가 국지적(local)이라면, 진보의 도덕적 기초는 보편적(universal)이다. 따라서 보수는 '우리와 우리 집단의 이익'을 위한 행동이라면 어떤 행동도 옳다고 보지만, 진보는 '우리'를 위한다는 명분으로 어떤 개인에게든 피해를 준다면 옳지 않다고 여긴다. 법을 어기거나 타인에게 피해를 주더라도 그것이 조직과 상사를 위한 일이라면 이해될 수 있다고 믿으면 보수적 마음의 소유자이고, 인종·성·나이 등 어떤 이유로도 한 개인에게 피해를 주어서는 안 된다고 믿으면 진보적 마음의 소유자다.

따라서 죽고 싶을 만큼 괴로운 행위는 보수적 마음의 소유자에게는 자기 때문에 조직이 피해를 보는 것, 자신을 위해 조직을 배신하는 것이지만 진보적 마음의 소유자에게는 보편적 원칙을 어기는 행위가 된다. 보수적 마음의 소유자가 원칙을 전혀 지키지 않는다고 단정하는 것은 결코 아니다. 심리학 연구에 따르면 보수적 마음의 소유자도 진보적 마음의 소유자처럼 타인을 돌보고 정의를 추구하는 데 관심이 많다. 다만 그것이 집단과 권위의 문제와 상충될 때 진보와 보수의 차이가 나타날 뿐이다.

도덕성 수준의 차이가 아니라 도덕적 판단의 기초가 다르다고 이해하면 상대 진영을 향해 같은 잘못을 범하고도 자살하지 않는 사람들이라고 비난하거나, 자살로 모든 잘못을 덮으려는 사람들이라고 비난하는 것이 얼마나 잔인하며 무례한 일인지 알게 된다. 서로가 서로를 향해 비도덕적이라고 비난하는 것은 인간이 얼마나 본성적으로 도덕적인지를 간과하는 행위이자, 서로 간의 갈등과 대립을 더 악화시키는 행위다.

서로가 가진 도덕성의 수준이 아니라 도덕성을 판단하는 기준이 다를 수 있다는 가능성을 받아들이고 죽음 앞에서는 하나가 되어야 한다. 그것이 망자와 유족에 대한 예의이며 죽음이 우리에게 던지는 근원적 질문, 바로 '무엇이 중요한가?'라는 그 근원적 질문에 임하는 자세다.

당신은 운이
좋았을 뿐이다

좋은 삶과 좋은 글은 육하원칙을 따른다. '누가, 언제, 어디서, 무엇을, 어떻게, 왜'는 좋은 글이 갖춰야 할 조건이자 좋은 삶에 대해 우리가 던져야 할 질문이기도 하다.

기자는 '누가 그랬는지', '언제 어디서 그 일이 발생했는지', '정확히 무슨 일이 벌어졌는지', '그 일이 어떻게 일어난 것인지', '도대체 왜 그 일을 일으킨 것인지'를 알아낸 후 기사를 쓰려고 한다.

좋은 삶에 대한 추구도 육하원칙을 따르는 것이 좋다. 목표가 좌절되었을 때, 관계가 어그러졌을 때, 뜻하지 않은 불운이 닥쳤을 때, 우리는 그것이 '사람(누가)'의 문제인지, '시기(언제)'의 문제인지, '장소(어디서)'의 문제인지, '과제(무엇을)'의 문제인지, '방법(어떻게)'의 문제인지, '동기(왜)'의 문제인지를 균형 있게 물어야 한다.

삶의 모든 문제를 사람의 문제로 규정하면 누릴 만한 사람이니까 누리는 것이고, 고통받을 만한 사람이니까 고통받는 것이라는 위험한 생각에 사로잡히게 된다. 범죄의 피해자들을 보호하고 위로하기보다는 그들이 어떤 식으로든 빌미를 제공했을 것이라는 의심으로 피해자에게 2차 피해를 가한다. 이런 프레임에서는 인사가 만사가 된다. 평균적인 사람들을 뽑아 좋은 사람으로 성장시키기보다는 애초부터 좋은 사람을 선발하는 데만 집중하게 된다.

그러나 삶의 문제는 시기의 문제이면서 장소의 문제이며 방법의 문제이기도 하다. 과거에는 현금인출기에서 카드를 분실하는 사고가 자주 발생했지만 지금은 그런 일이 훨씬 줄어들었다. 사람이 더 똑똑해졌기 때문이 아니라 인출의 방법이 달라졌기 때문이다.

예전에는 돈을 먼저 꺼내고 나중에 카드를 뽑게 되어 있었지만, 요즘은 카드를 먼저 뽑아야만 현금을 찾을 수 있도록 순서가 바뀌었다. 사람이 문제라는 프레임을 고수했더라면 '정신 줄을 놓고 다니는 사람들'이라는 비난밖에 할 수 없었을 것이다.

'깨진 유리창 법칙'은 삶의 문제가 곧 공간의 문제임을 보여준다. 아일랜드형 주방 구조가 가족 간의 대화를 늘리는 데 유리하다는 인식이 퍼지면서 주방의 구조가 바뀌고 있다. 기업 또한 앞다투어 사무 공간의 구조를 바꾸고 있다. 좋은 공간이 좋은 사람을 만들어낼 수 있다는 인식 덕분에 일어나는 변화들이다.

삶의 문제를 사람의 문제가 아닌 공간과 방법의 문제로 보려는 인식이 늘고 있다는 점은 매우 고무적이다. 그러나 삶의 문제를 '타이밍(시기)'의 문제로 접근하려는 노력은 아직까지도 매우 부족한 편이다. 무엇을, 누구와, 어디서, 어떻게, 왜 할 것인가도 중요하지만 '언제' 할 것인가도 중요하다.

아무리 똑똑한 제자라도 지도교수가 젊다면 모교의 교수가 되기는 쉽지 않다(특히 한국에서는). 마라톤에 처음 도전하는 사람들 중에는 나이가 아홉수에 해당하는 사람들이 많다. 내시경 검사에서의 실수는 오전보다는 오후에 발생할 확률이 높다. 지금의 젊은이들은 부모 세대보다 취업하기가 어렵다. 이처럼 인생의 많은 결과들은 타이밍의 영향을 강하게 받는다. 그러니 우리 모두는 겸손해질 필요가 있다. 내가 이루어낸 성취는 타이밍이 좋아서 얻은 결과인지도 모른다.

인생의 중반기를 지나고 나면 사람들은 철이 들 뿐만 아니라 행복감도 증가한다. 서울대학교 행복연구센터의 조사에 따르면 나이가 들수록 물질주의는 줄어들고, 감사하는 마음은 늘어나며, 남들과 비교하는 성향도 급격하게 사라진다. 삶의 끝이 보이기 시작하면서 벌써 반이 지났다는 생각에 정신이 바짝 들기 때문이다. 이러다가 이번 생을 망칠 수도 있다는 생각에 자신의 삶을 비로소 사랑하게 되는 것이다. 결코 원래부터 성실한 사람이어서가 아니다. 그러므로 아직 그 시기에 이르지 못한 젊은이들을 지나치게 나무랄 일은 아니다.

TV 프로그램 <정글의 법칙>을 보고 있노라면, 현대에 태어난 것에 감사할 수밖에 없다. 공부하는 것 외에 특별히 할 줄 아는 게 없는 사람은 인류 초기에 어떤 쓸모가 있었을까 생각하면 모골이 송연해진다.

삶의 모든 문제를 사람의 문제로만 국한시키지 않을 때, 삶은 여유로워지고 균형을 이루게 된다. 인생의 많은 부분이 순전히 타이밍 때문일 수 있다고 인식하게 되면 오만이 설 자리가 사라진다. 비록 사랑하는 사람에게 그대와 나는 운명이 아니라 타이밍이 맞았을 뿐이라고 말하는 것이 낭만과는 거리가 멀더라도.

희망에도
품격이 필요하다

희망은 우리가 원하는 것을 무엇이든 뚝딱 하고 만들어내는 요술 방망이가 아니다. 그것을 알면서도 굳이 '희망 사항'을 노래하는 이유는 희망이야말로 최악의 상황에서 우리가 택할 수 있는 최선의 무기이기 때문이다. 희망이 패배자들의 정당화가 아니라 승리자들의 히든카드라는 점을 알고 있기 때문이다.

한 번도 경험해보지 못한 충격과 공포로 우리 삶을 송두리째 바꿔놓고 있는 코로나19 시국에 우리가 불러야 할 '희망 사항'의 가사는 운 좋게 우리만 살아남기를 바라는 내용이 될 수 없다. '손을 씻지 않아도 감염 안 되는 사람, 마스크를 쓰지 않아도 감염 안 되는 사람, 설사 감염되어도 거뜬히 일어서는 사람.' 이런 유의 희망 사항을 부르기에는 사태가 너무나도 엄중하다. 미국과 유럽의 강대국들마저 무력해지는 이 상황에서 나만 감염되지 않기만을 바라는 희망 사항은 비현실적일 뿐이다.

우리가 부르고픈 희망 사항은 코로나19 이후의 우리 삶에 대한 것이다. 코로나19 사태를 겪은 후에 우리가 진정으로 원하는 국가의 모습이 선명해지기를 희망한다. 코로나19 사태로 인해 각 나라의 숨겨진 취약성들이 드러났다. 화려한 겉모습과는 달리 공공 의료 시스템이 취약한 나라, 빈부 격차가 심한 나라, 투명성이 결여된 나라, 공동체 의식이 부족한 나라들이 그 민낯을 드러내고 있다. 국가가 갖춰야 할 진정한 실력이 무엇인지가 분명해지고 있다. 우리나라뿐 아니라 지구상의 모든 나라가 국민을 위기로부터 지키는 실력을 갖추기를 소망한다.

우리가 진정으로 원하는 리더의 모습이 선명해지기를 희망한다. 우월의식을 지니지 않은 리더, 자국민을 사랑하되 타국인을 차별하지 않는 리더, 가장 편한 사람들에게 조언을 듣기보다 최고의 전문가에게 조언을 듣는 리더, 정파적 이해보다 사실과 증거에 기초해 판단하는 리더, 이런 리더가 등장하기를 희망한다.

우리가 진정으로 원하는 전문가의 모습이 선명해지기를 희망한다. 자기 분야가 아닌 경우에는 침묵하는 전문가, 꼭 한마디 해야 한다는 강박에 사로잡히지 않는 전문가, 비판보다 대안을 제시하는 전문가, 더 나아가 대안을 실행으로 옮기는 전문가, 묵묵히 축적해온 데이터와 연구 결과를 위기의 순간에 쓱 내미는 전문가, 이런 전문가들이 등장하기를 소망한다.

삶의 중요한 것들이 모두 측정되고 진단되기를 소망한다. 바이러스 감염을 진단하고 백신과 치료제를 개발하듯이 우리 마음의 상태를 진단하고 예방하고 치료하는 체계도 구축되기를 소망한다. 코로나19 기간 동안 누가 더 아파하고, 우울해하고, 불행했는지를 체계적으로 측정하고 진단해 위기에 강한 인간형의 모습이 제시되기를 소망한다. 우리 아이들을 어떤 존재로 키워내야 하는지에 대한 가르침이 제시되기를 소망한다.

우리가 진정으로 추구해야 할 일상이 선명해지기를 희망한다. 그동안 너무 방만하지는 않았는지, 감각적 재미에만 중독된 나머지 홀로 있을 수 있는 힘을 잃어버리지는 않았는지, 관행과 위계를 지키기 위해 회의를 남발하지는 않았는지를 반성하고, 가족과 나누는 소박한 밥상에 만족하고, 과시적 모임을 경계하고, 실력과 체력을 기르는 실속 있는 일상을 소망한다.

궁극적으로 우리가 진정으로 추구해야 할 삶의 가치들이 분명해지기를 희망한다. 아무리 인간의 본성이 이기적이라고 주장하더라도 나누고 베푸는 연대와 우호의 가치가 최우선되기를 소망한다. 이윤 추구가 기업의 목적임을 알지만 구성원과 사회의 행복을 동시에 추구하는 것이 기업의 최우선 가치가 되기를 소망한다.

마스크도 화장지도 남들보다 더 많이, 더 먼저 사기 위해 서로를 밀치는 우리 안의 연약성을 인정하고, 인간의 어두운 본성이 드러나는 최악의 순간에도 품격을 지키는 법을 학교에서 가르치기를 소망한다.

미래학자가 아닌 이상 인류의 삶이 BC(Before Corona)와 AC(After Corona)로 나뉠 거라는 점 말고는 우리 삶이 구체적으로 어떻게 변할지 알 수 없다. 경제학자가 아닌 이상 현재의 경제 시스템이 지속 가능하지 않다는 점 말고는 어떻게 변할지 알 수 없다.

다만 자기 삶의 주체로서, 대한민국의 시민으로서 그리고 인류 공동체의 일원으로서 이번 사태가 더 나은 개인, 더 나은 국가, 더 나은 인류 공동체가 되는 계기가 되기를 간절히 소망할 뿐이다.

PART 2

행복에 관한
진지한 농담

CHAPTER 1

행복에는
특별한 것이 없다

행복에는 특별한 것이 없다

"비결이 뭡니까?"

사람들은 늘 이렇게 묻는다.

전국 수석을 차지한 학생에게,

다이어트에 성공한 비만 환자에게,

맨손으로 회사를 창업한 사업가에게….

하지만 돌아오는 대답은 싱겁기 짝이 없다.

"교과서 위주로 공부했죠."

"식사량을 줄이고 운동을 많이 했죠."

"할 수 있다는 믿음을 잃지 않았죠."

행복도 마찬가지다.

"행복해지려면 무엇을 해야 합니까?"

난감한 질문이다.

행복에도 특별한 것이 없으니 말이다.

행복이란 오로지

일상을 위한, 일상에 의한, 일상의 행복이다.

행복에는 사교육도 신비로운 묘약도 없다.

행복은 그저 일상의 삶을 잘 살아가는 것.

밥을 먹고, 일을 하고, 대화를 나누고…

매일매일 반복되는 일상의 사소함 속으로

더 깊이, 온전히 들어가는 것이 곧 행복이다.

행복하게 살기 원한다면서

하루를 대충 산다는 건

인류를 위한다면서

옆자리 김 대리를 막 대하는 것처럼 모순이다.

농담

행복할 때는 농담이 절로 나온다.

좋은 기분이

유희(play) 욕망을 자극하기 때문이다.

그러니

뜬금없이 아재개그 한다고

아빠를 혼낼 일은 아니다.

그의 삶이 괜찮다는 신호이니

안심하길.

부자가 위험한 이유

소소한 즐거움을 놓칠 가능성이
수직으로 증가하기 때문이다.

소소한 즐거움을 충분히 만끽하는 것을
'음미(吟味)하기'라고 한다.

부자들은 거대한 것들만
음미하기 쉽다.

한 페이지 요약으로
책 읽기를 대신해버리는 것처럼
자칫 하면 한 페이지짜리
요약 인생을 살기 쉽다.

단어와 문장

그들 사이의 쉼표와 행간은

요약으로는 전달되지 않는

책 읽기의 즐거움이다.

인생이라는 책 읽기의 즐거움도

같은 이치다.

행복 천재는 잠꾸러기

연구에 따르면

행복한 사람들은 누우면 바로 잔다.

그들은 뒤척이지 않고 깊이 잠들고

새벽에도 수시로 깨지 않는다.

그들은 신에게서 잠이라는 선물을 받은 자들이다.

신에게 잠의 선물을 받지 못한 사람들은

어떻게 해야 할까?

약이 꺼림칙하다면

성취 경험(mastery experience)을 권한다.

새로운 것을 배우고, 잘하는 것을 자기 전에 하는 것.

운동이나 취미 활동을 통해

성취 경험을 하고 잠이 들면

다음 날 아침에 기분이 좋아진다.

20분 동안 운동을 하고 나면

12시간이 행복해진다는 연구 결과도 있다.

하루의 시작을 기분 좋게 열고 싶으면

하루의 끝을 기분 좋게 마쳐야 한다.

내일의 행복을 위해

또 다른 '굿 모닝'을 위해

오늘도 편안히 잠들기 바란다.

비밀이지만

행복 천재들은 경이로운 잠꾸러기다.

사실과 신념은 무승부

사람들은 외모가 행복에 많은 영향을
미친다고 생각하지만 꼭 그렇지는 않다.

연구에 따르면 외모 자체보다는
자기 외모에 대한 스스로의 생각이
행복에 큰 영향을 준다.
'사실의 힘'보다 '믿음의 힘'이 더 크다는 뜻이다.

행복에 대해 어떤 사람은
노력해서 얻을 수 있는 게 아니라고 믿고,
어떤 사람은
노력해서 행복해질 수 있다고 믿는다.
어느 쪽을 믿건 개인의 선택이다.

서울대 행복연구센터의 연구에 따르면

행복이 선천적으로 결정되어 있다고 믿는 사람들보다

노력해서 행복해질 수 있다고 믿는 사람들의

행복 수준이 더 높은 것으로 나타났다.

전자보다 후자가 행복해지기 위해

더 노력할 의사가 있는 것으로도 밝혀졌다.

'행복의 기질'이란 이미 결정된 것일까,

아니면 변화될 수 있어서

얼마든지 내 것으로 만들 수 있는 것일까?

과학적 사실 논쟁은 논쟁대로 내버려두고

지금은 당신의 믿음을 어느 쪽에 둘지 선택할 때다.

행복 천재들의 단어, '탓'보다 '덕'

나는 가난하게 태어났습니다.
나는 약한 몸으로 태어났습니다.
나는 초등학교도 못 나왔습니다.

'경영의 신'이라 불리는 마쓰시타 고노스케의 말이다.
가난한 집에서, 약한 몸으로 태어나,
배우지도 못했으니
가난한 탓이라고, 약한 탓이라고, 못 배운 탓이라고
자신의 운명을 저주할 만도 하다.

하지만 그는 '탓'을 '덕'으로 바꾸었다.
가난한 덕에 어릴 때부터 온갖 일을 하며
경험을 쌓았고,

약한 덕에 늘 운동하며 건강을 지켰고,

못 배운 덕에 항상 배움의 자세로 귀를 기울였다.

탓을 덕으로 바꾼 프레임 전환이

그를 '운명의 주인'으로 만든 것이다.

윈스턴 처칠도 시련과 기회는

내가 바꾸는 것이라고 말한다.

비관주의자는 모든 기회 속에서 시련을 보고,

낙관주의자는 모든 시련 속에서 기회를 본다.

코로나19를 잘 이겨낸 행복 천재들도

코로나19 탓에 망가진 일상을

코로나19 덕에 발견한 감사로 이겨낸다.

인생의 시크릿

인생의 시크릿이 무엇이냐고 묻자
슈바이처 박사가 답했다.
"A야말로 인생의 시크릿입니다."

철학자 키케로도 말했다.
"A는 인간의 모든 덕목 중 최고의 덕목이며
다른 모든 덕목의 어머니라고 할 수 있지요."

또 다른 철학자 흄이 그 말에 동의하며 말했다.
"B는 인간이 저지를 수 있는 범죄들 중
가장 사악한 것입니다."

그러자 칸트가 마지막으로 말했다.

"B는 사악함의 본질 그 자체입니다."

슈바이처와 키케로가 말한 A는 '감사'였다.

흄과 칸트가 말한 B는 '감사하지 않는 것'이었다.

마음의 가난

심령이 가난한 자는 복이 있나니 천국이 저희 것임이요.

<마태복음> 5:3

성경에서는 '마음의 가난'을
행복의 첫째 조건으로 삼는다.
불교에서는 더 나아가
자기 자신을 비우라고 말한다.
왜 많은 종교는 마음의 가난을
행복의 지름길이라고 가르치는 것일까?

마음이 가난해야
모든 것이 선물로 느껴지기 때문이다.
마음이 가난하고 텅 비어야만

세상 모든 것이 선물로 다가오기 때문이다.

모든 것이 선물처럼 느껴질 때

행복은 정점에 도달한다.

행복한 사람은 세상을 선물이라고 생각한다.

자신에게 좋은 것이 이미 넘친다고 생각하면

그 어떤 것도 선물로 다가오지 않는다.

구태여 물질적인 가난을 추구하라는 뜻이 아니다.

마음이 가난한 사람은

자신에게 주어진 모든 것들에 감사할 수밖에 없다.

아침의 햇살,

멀리서 불어오는 바람,

불타는 저녁노을,

밤하늘의 별들이 모두 선물이다.

세상에 어느 하나 선물 아닌 것이 없다.

넘어질 때마다

인생의 가장 큰 영광은

결코 넘어지지 않는 데 있는 것이 아니라,

넘어질 때마다 다시 일어서는 데 있다.

-넬슨 만델라

시련을 피해가는 삶이 아니라

시련 속에서 스스로를 지켜내는 삶이 훌륭한 삶이다.

어떤 일이 일어나느냐가 아니라

그 일과 맞닥뜨렸을 때

어떻게 반응하느냐가 더 중요하다.

넘어질 때마다 일어서기 위해서는

단단한 근육의 힘이 필요하다.

결코 주저앉지 않겠다는 의지도 근육의 일부이지만

넘어질 때마다 손을 내밀어줄 수 있는

주변의 힘 또한 중요한 근육이다.

평소의 행복감도 빼놓을 수 없는 핵심적인 근육이다.

지금 이 순간 느끼는 행복은

우리를 넘어지지 않게 하는 힘인 동시에

넘어졌을 때 우리를 일으켜 세우는 저력이기도 하다.

행복이 미래를 위한 투자인 까닭이다.

죽은 자의 선물

9·11 사태 이후로 미국인들은
이전보다 더 많이, 더 열심히 교회에 나가기 시작했다.
인터넷에는 'I'보다 'We'라는 단어가 더 자주 등장하고,
사회 곳곳에서 가족에 대한 담론이 늘어났다.

2014년 봄, 세월호 참사 이후
우리는 밥을 먹으면서도 미안해하고,
저녁 술자리에서는 잔을 부딪치지 않았으며,
가족 여행도 기약 없이 미룬 채
모두가 함께 슬퍼했다.

심리학자들의 연구에 따르면
인간은 자신의 죽음을 심각하게 생각할 때

선한 존재가 된다고 한다.

죽음이 유발하는 극단적인 두려움을 극복하기 위해

인간이 선택하는 방법 중 하나가

'착한 사람이 되는 것'이다.

자신이 속한 시대와 사회에서 인정받는 사람이 됨으로써

자신의 가치를 재확인하고,

죽음이라는 엄연한 한계 앞에서

사회의 착한 구성원이 되어

상징적으로나마

불멸을 경험하고자 하기 때문이다.

먼저 떠난 모든 이들은

장례식이라는 절차를 통해

우리로 하여금 죽음을 생각하게 한다.

남은 자들에게 최고의 선물을 안겨준 셈이다.

Overweight, Overthinking and Overstuff

불필요한 살을 버리기 위해 다이어트를 하고,

불필요한 생각을 버리기 위해 수행을 한다.

그것 말고도

버려야 할 게 더 있다.

거실 한구석을 차지하고 있는 신문과 잡지,

냉장고 안에 언 채로 쌓여 있는 음식들,

책상과 옷장을 가득 채우고 있는 잡동사니들….

'언젠가는 쓰이겠지'라며

오랜 세월

우리의 공간을 버젓이 차지해온

그 용처 불명의 잡동사니들을 버려야 한다.

버릴까 말까? 그 망설임도 버려야 한다.

마침내 하나하나 버리기 시작하면서

당신은 뜻밖의 즐거움을 경험하게 된다.

그렇게 하나하나 버리다 보면

소중하지만 정작 오랫동안 잊고 있었던 것들을

다시 찾게 될 때도 있다.

몇 년 전에 적어둔 참신한 다짐과 아이디어들,

영감을 주었던 CD와 책들….

행복은 마음을 관리하고 정리하는 일이다.

묘하게도

마음 관리는 공간을 정리할수록 쉬워진다.

영감을 받았습니까?

2009년 5월, 미국 텍사스 주 포트워츠에서
밴 클라이번 콩쿠르가 열렸다.
이 대회에서 일본의 노부유키 츠지이는
라흐마니노프 피아노 협주곡 2번을 연주했다.

이날의 연주에 대해 사람들은
'텍사스에서 일어난 경이로움'이라고 표현했다.
노부유키의 우승이 경이로웠던 것은
그가 앞을 보지 못하는 시각장애인이었기 때문이다.

청중은 혼신의 힘을 다하는 그의 연주와
역경을 이겨낸 인간의 위대함 앞에서
경이로운 영감을 받았다.

반복되는 일상과 무기력감을 극복하는 데

영감만큼 효과적인 것은 없다.

인간에게 잠재되어 있는

가장 위대한 모습을 발견할 때

우리는 영감을 얻고 경외감을 경험한다.

행복은 영감과 경외감을 통해 한 단계 더 진화한다.

지금 당신의 가슴이 뛰고 있지 않다면,

영감을 경험한 지가 너무 오래되었다는 뜻이다.

행복은 단순히 기분 좋은 상태만을 뜻하지 않는다.

진정한 탁월함을 목격할 때 경험하는 영감이

행복의 또 다른 요소다.

"당신은 행복합니까?"

이 말은

"당신은 영감을 받았습니까?"라는 말과 동급이다.

고통에 임하는 자세

때로는 사실 자체보다

사실에 대한 우리의 생각이 더 중요하다.

어떤 사람은 고통을 전혀 경험하지 않는 것이

행복의 필수라고 믿지만

어떤 사람은 고통의 부재가

행복의 필수라고 믿지 않는다.

연구에 따르면

고통의 부재가 행복의 필수라고 믿는 사람일수록

행복 수준이 낮은 것으로 나타났다.

실제로 이들은 스트레스 상황에서도

훨씬 취약함을 보였다.

스트레스가 없어야 행복한 것이라는 믿음 탓이다.

반대로 고통을 행복의 일부라고 인정하는 사람들은
행복 수준이 높은 편이다.
이들은 스트레스 상황이나 좌절의 순간에도
쉽게 무너지지 않는다.
지금 잠시 힘들지만
그렇다고 불행한 것은 아니라고 믿기 때문이다.

행복은 고통의 유무가 아니라
고통에 임하는 자세에 의해 결정된다.

'나'에서 '우리'로 변하는 결정적 순간

뜨겁던 어느 여름, 국도를 달리다가
대학생 국토 순례단을 만났다.
뜨거운 태양 아래 한 걸음, 한 걸음
간신히 내딛는 발걸음이 너무도 힘겨워 보였다.

왜 저런 고생을 사서 할까?
일 년 중 가장 뜨거운 계절에
온갖 고통을 무릅쓰며 걷는 까닭은 무엇일까?

탈진한 동료를 부축하며 걷는 어느 젊은이에게서
어렴풋이 답을 찾았다.
처음에는 '나'를 만나기 위해 길을 떠났을 것이다.
나를 발견하고, 나에게 집중하고, 나를 결심하고,

나를 그려보고, 나를 극복하기 위한

'나'만의 순례였지만

정작 길 위에서는 누군가의 도움 없이는

한 걸음도 나아갈 수 없는

'관계적 존재'로서의 나를 발견하게 된다.

순례길에서는 어쩔 수 없이 손을 내밀게 된다.

결코 버릴 수 없을 것 같았던

체면과 자존심도 버리고

때로는 동료의 땀내와 코 고는 소리도 견뎌야 한다.

서로서로 견디며 도움을 청하고,

도움을 진심으로 받아들이는 법을 배우는 것이다.

그리하여 순례의 어느 지점에서는 모두 친구가 된다.

'나'로 떠났다가 '우리'가 되어 돌아오는 길,

그것이 순례길이다.

저 높은 곳에서 보면

우리의 삶도 한 편의 순례길.

'나'에서 '우리'로의 변신이 일어나면

우리의 순례길도 걸을 만하리라.

희망의 끈

1957년, 존스홉킨스대학교에서
다소 잔인한 실험이 진행되었다.
기다란 유리그릇에 쥐를 넣고
그 안에 천천히 물을 붓기 시작했다.

물이 점점 차오르는 상황에서
쥐가 얼마나 오랫동안 헤엄치며 생존하는가를
관찰하는 것이 실험의 목적이었다.

어떤 쥐는 15분 만에 포기했고,
어떤 쥐는 무려 60시간 동안
허우적거리며 사투를 벌였다.
'왜 60시간 동안 포기하지 않고 버텼을까?'

'쥐에게도 희망이 있었을까?'

연구팀은 추가 실험을 했다.

포기하지 않고 안간힘을 쓰는 쥐들을

밖으로 빼준 것이다.

이 과정을 몇 차례 반복한 뒤

그 쥐들에게 다시 원래의 실험을 했다.

그 결과 단 한 마리의 쥐도 포기하지 않고

60시간을 버텨냈다.

버티면 끝내 살아남는다는 희망이 생긴 것이다.

이 실험이 의미 있는 이유는

절망의 순간에 도움을 받았던 경험이

'버틸 수 있다'는 희망으로

작동한다는 점을 보여주었기 때문이다.

희망을 잃지 말라고 응원만 하지 말고

어려움에 처한 사람에게는

무조건 손을 건네야 하는 이유다.

나이 듦: 만병통치약

나이 드는 건 생각보다 괜찮다.

괜찮은 정도가 아니라 정말 좋다.

나이 들어가는 사람들의 공통된 고백이다.

연구 데이터를 들여다보니 나이가 들수록

감사가 늘어난다.

남들과의 비교는 줄어든다.

물질에 대한 욕망도 줄고

몸은 부지런해진다.

웬만한 일은 다 이해가 된다.

이쯤 되면 나이 드는 게 축복임이 분명하지만

한 가지 마음에 걸리는 게 있다.

외로움이다.

데이터를 들여다보니

나이 들수록 외로움이 증가한다.

젊은 날 특별히 신경 써야 할 일이

좋은 친구를 만드는 일임이 분명하다.

사랑과 행복의 차이점은

없다.

사랑하고 있을 때
세상은 경이롭고
감사할 것들 천지이고
평화롭고
아름답다.

사랑하고 있을 때
세상을 살아갈 이유가 가득해지고
마음속에는
그에 대한 관심으로 가득찬다.

경이로움

감사

평화

아름다움

의미

관심

이런 것들을 우리는 행복이라고 부른다.

CHAPTER 2

삶을 감탄사로
채우고 싶다면

삶을 감탄사로 채우고 싶다면

나에게 이런 가족이 있다니,

얼마나 큰 행운인가!

이렇게 맛있는 음식을 먹을 수 있다니,

얼마나 큰 행운인가!

또다시 아침을 맞을 수 있다니,

얼마나 큰 행운인가!

당연한 일, 사소한 일상에 대해

'얼마나 큰 행운인가!' 하고 감탄할 수 있다면

우리는 행복한 사람이다.

삶을 감탄사로 채우고 싶다면

내가 가진 것,

내가 누리는 것들과의 첫 만남이
내 삶에서 사라졌다고 상상해보라.

'이 사람을 만나지 못했다면'
'그 일을 하지 않았더라면'
'그때 그 길로 들어서지 않았더라면'
심리학은 이런 상상을 빼기 상상이라고 부른다.

'이런 사람이 인생에 나타난다면'
'돈이 더 많다면'
이런 '더하기 상상'만을 하는 삶에는
감탄사가 자리 잡을 공간이 없다.

당연해 보이는 것을
놀라운 감탄사로 받아들이는 것
행복의 비결은 거창한 데 있지 않다.

상사의 짧은 답

상사의 문자는 늘 짧다.

아랫사람이 전후 사정을 자세히 설명하는

장문을 보내면

상사는 그저 'ㅇㅋ'라고 보내온다.

권력은 답장의 길이와 반비례하는 법.

상사들은 문장 하나를

완성할 수 없을 정도로

바쁜 사람들일까?

늘상 'ㅇㅇ'과 'ㄴㄴ'만 보내는

아들 녀석의 문자를 생각하니

바쁘다는 건 답이 아닌 듯하다.

알면서도 고치지 못하는

지독한 권력병임에 분명하다.

길게 답장을 보내는 사람이 되고 싶다.

그런 상사와 일하는 사람들은

복 받은 걸지도.

흔치 않은 일

박○라 님.

다른 사람에게 연락을 받을 만큼

좋은 글이 아님에도,

내가 쓴 칼럼이 좋다며

정성껏 메일을 보내주시는 독자의 이름.

읽어보면

그분의 메일이

내가 쓴 칼럼보다 더 명문이다.

고마운 사람들이란 이런 분들이다.

굳이

그럴 필요가 없는데도

호의를 베풀어주는 사람.

'흔치 않은 일이 일어났습니다.'

'고맙다'라는 일본어

'아리가토(ありがとう)'의 뜻이라고 한다.

흔치 않은 일을 해주었는데도

흔한 감사만 하는 사람들에게

한 번쯤은 소개해주고 싶은,

그러나

한 번도 만난 적이 없는 독자다.

치킨 채식주의자의 행복

"나는 치킨 채식주의자(chicken vegetarian)야."
유학 시절 레바논 친구가 이렇게 말했다.
채식주의자이지만 치킨은 먹기 때문에
치킨 채식주의자라는 것이다.
기회주의자라는 생각도 잠시 했지만
괜찮다는 생각이 들었다.

어떤 규칙에 자신을 너무 구속하기보다는
하나쯤 예외를 만들어놓는 여유가 좋다.
스스로 숨 쉴 공간을 만들 줄 아는 지혜,
그 작은 틈새에서 행복이 싹튼다.

일주일 내내 먹고 싶은 것을 참는 다이어트는

실패하기 쉽다.

일주일에 하루만큼은 먹고 싶은 것을 먹어도 된다.

집 밖에서는 채식을 하지만

가족끼리는 고기를 먹는

사회적 채식주의자도 괜찮고,

'무조건 금연'보다는

'집에서만 금연'부터 해보는 것이

심리적으로 덜 괴롭다.

'절대'에 속박되기보다 '예외'를 허용하는 여유,

행복을 누리는 또 하나의 팁이다.

조금 아쉬울 때 멈추기

추억은 편집된 과거다.

현재의 프레임으로

몇 번씩 쓰고 지우고 덧칠해가는 동안

과거는 시시각각 다른 모습을 띠게 된다.

과거를 회상할 때 우리는 실수를 저지른다.

어떤 경험이든 라스트신에 의해

우리의 회상은 왜곡되기 마련이다.

여행지에서의 마지막 밤이 아름다웠다면

여행은 아름다운 추억으로 남고

끔찍했다면 끔찍한 추억으로 남는다.

한 달을 사귄 사람이든 일 년을 사귄 사람이든

이별이 아름답지 않으면 사귄 기간은 의미가 없다.

사흘 여행이나 한 달 여행이나

마지막 날이 좋지 않으면

여행에서의 경험들은 빛을 잃고 만다.

심리학에서는 이를

'지속 기간 무시 현상'이라고 부른다.

그러니 이렇게 해보면 어떨까?

마지막 순간이 추억을 왜곡하지 못하도록

순간순간의 경험들을 온전히 음미하고

기록으로 남기는 것이다.

엔딩의 폭력으로부터

우리의 보석 같은 순간들을 지켜내야 한다.

또 하나,

엔딩 장면을 멋지게 장식하는 것이다.

어떤 경험이든 마지막 장면을

최고의 것으로 만들어보라.

여행의 마지막 날에

가장 멋진 식사를 하고

가장 여유로운 시간을 보내는 것이다.

3차, 4차로 이어지는 술자리는 그래서 별로다.

조금 아쉬울 때 딱, 거기서 멈춘다면

우리의 과거는 지금보다 훨씬 더

아름답게 기억될 것이다.

밥만 잘 먹더라

연인과 헤어지면 얼마나 힘들까?

정년을 보장받지 못하면 얼마나 불행할까?

이번 프로젝트를 실패하면 얼마나 괴로울까?

생각보다 힘들지 않다.

고통에 대한 우리의 예측은 대개 과장되어 있다.

"사랑이 떠나가도 가슴에 멍이 들어도

한순간뿐이더라 밥만 잘 먹더라"라는

노래 가사처럼 말이다.

사람에게는 고통을 이겨내는 놀라운 힘이 있다.

몸에 병균이 침투하면 즉시 면역 시스템이 작동하듯이

마음도 심리적 면역 시스템을 가동한다.

종교를 찾거나 여행을 떠나고

머리 스타일을 바꿔보거나 옛 친구를 만나기도 한다.

미래가 불안하다고 느끼는 당신,

당신의 회복 능력을 지나치게

과소평가하고 있는 것은 아닌지.

사소한 어려움에 미리 겁을 집어먹거나

하찮은 시빗거리에 흥분할 필요는 없다.

어떤 역경도 이겨낼 수 있는

당신의 회복 능력을 믿어보라.

당신은 큰일 났다

나이가 들면 행복할까?

학생들에게 행복 수준을 연령대별로 그려보게 하면

하나같이 노년기의 행복감을 낮게 그린다.

'나이가 들면 불행할 거야.'

하지만 연구 결과는 다르게 나타난다.

나이가 들어도 행복감은 감소하기는커녕

오히려 삶의 만족감이 증가한다.

감정의 깊이는 더 깊어진다.

나이가 들면 특별히 기뻐할 일도 없지만

특별히 기분 나쁜 일도 줄어든다.

그러나 타인에게 불친절한 사람들,

심리학에서 우호성(agreeableness)이 낮은 사람으로
불리는 이들은 나이가 들수록
행복감이 오히려 감소한다.
고집불통의 영감탱이라는 말이 적용되는 사람들이다.
이들의 괴팍하고 별난 성격은
사람들을 떠나가게 한다.

착한 사람이 손해 보는 것 같지만
나이가 들면 행복으로 크게 보상받는다.
당신이 친절하고 관대한 사람이라면
노후의 행복을 걱정하지 않아도 된다.

지금 누군가에게 불친절하다면
당신은 큰일 났다.

봄날의 벚꽃처럼
가끔은 시간을 어겨도 된다

우리는 늘 시간이 없다.

유치원생에서부터 노인에 이르기까지 모두가

심각한 시간 기근(time famine)에 시달리고 있다.

시간의 굶주림으로부터 자유로워지려면

거꾸로 생각해봐야 한다.

먼저 누군가에게 시간을 내주어야 한다.

연구에 따르면 자원봉사를 하거나

친척을 만나는 것처럼

누군가에게 시간을 내주는 사람은

시간에 쫓기지 않는다고 한다.

우리가 늘 바쁘다고 느끼는 까닭은

우리의 시간이 온통 자신의 일들로만

가득 차 있기 때문이다.

주어진 시간을 오히려 누군가에게 내본 사람이라면

비움으로써 채운다는 말을 실감하게 된다.

또 하나, 시간에 관한 착각에서 벗어나야 한다.

'나에게 시간이 좀 더 주어진다면

더 많은 일을 할 수 있을 텐데.'

모두가 이렇게 생각하지만

지나고 보면 시간이 더 많았어도

결과는 크게 달라지지 않았을 거라고들 말한다.

시간이 많아야

더 많은 일을 할 수 있다는 착각으로 인해

우리는 늘

시간을 아껴야 한다고 생각한다.

고질적인 시간 부족 현상은 이 착각에서 비롯된다.

시간에 대한 강박으로부터 벗어나야 한다.
봄날의 벚꽃은 언제 꼭 피겠다고 약속하지 않는다.
작년보다 보름 늦게, 혹은 열흘 일찍 피기도 한다.

그래도 된다.
별 탈 없이 아름답기만 하다.

기준을 높여주는 존재

A, B, C⋯

메뉴에 적힌 코스 요리 중에

값비싼 C를 선택하는 사람은 드물다.

그런데도 왜 굳이 C 코스를 만들어놓는 것일까?

A 코스와 B 코스 사이에서 망설이다가도

C 코스의 가격을 보는 순간

중간인 B 코스를 선택하는 것이 훨씬 쉬워진다.

C 코스로 인해 A, B 코스를 보는 프레임이 바뀐다.

살면서 C와 같은 사람을 만나는 것은 행운이다.

C와 같은 존재는

세상을 보는 우리의 기준을 높여준다.

한때 유행하던 TV 오디션 프로그램에

어느 시각장애인 도전자가 출연했다.

불리한 조건에서도 가수의 꿈을 키워왔다는 그에게

한 심사위원이 춤을 춰볼 것을 권했다.

그는 온 힘을 다해 춤을 추었고,

심사위원은 눈물을 흘리며 말했다.

"당신 덕분에 나를 돌아보게 되었어요."

이것이 C의 역할이다.

온 힘을 다해 살아가는 사람들,

쉽지 않은 길을 묵묵히 걸어가는 사람들,

그 삶의 궤적만으로도 다른 이들로 하여금

스스로를 되돌아보게 만드는 사람들.

메뉴에 C 코스를 집어넣은 현명한 주인처럼

신은 우리의 삶에

C와 같은 존재들을 심어놓았다.

기준을 하락시키는 사람이 아니라

삶의 기준을 한층 끌어올리는 사람들,

우리가 간절히 꿈꾸는

우리 자신의 모습이 아닐까?

생각의 속도위반

"지금 무슨 생각해?"
생각의 내용을 묻는 말이다.

"쭉 생각해온 거야? 아니면 방금 생각한 거야?"
생각의 속도를 묻는 말이다.
생각의 숙성도를 묻는 말이기도 하다.

연구에 따르면
문장을 천천히 읽은 사람보다 빠르게 읽은 사람이
훨씬 더 위험한 결정을 내린다고 한다.

빠른 속도로 문장을 읽으면 생각의 속도가 빨라지고,
빠른 생각이 성급한 의사 결정을 유도하기 때문이다.

우리는 엄청난 속도의 시대를 살고 있다.

눈 깜짝할 새에 바뀌는 실시간 검색어,

점점 빨라지는 다운로드 속도,

로켓 배송과 새벽 배송.

하지만 생각은 속도의 영역이 아니다.

생각은 깊이와 방향성의 영역이다.

빠른 생각보다 뚝심 있는 생각이 이긴다.

생각의 순발력을 자랑하는 사람보다

오랜 화두를 안고 살아가는 사람에게 저력이 있다.

느리게 생각하기

천천히 걷기

여유 있게 바라보기

속도의 시대에 꼭 필요한 행복의 조건들이다.

자유자재형 인간

"어떤 일을 할 때 행복감을 느낍니까?"

이 질문에 많은 이들이 대답했다.

사랑을 나누는 것, 운동, 식사, 산책, 기도….

반대로 행복감을 잘 느끼지 못하는 활동들로는

일, 출퇴근, 집안일들을 꼽았다.

이 두 부류의 활동들을 구분하는

가장 중요한 특징은 자율성이다.

사랑과 운동, 식사, 산책, 기도와 같은 일은

스스로 행하기 때문에 행복하다.

하지만 일, 출퇴근, 집안일 등은 강제성을 포함한다.

싫지만 어쩔 수 없이 해야 하는 일들이

우리의 행복을 갉아 먹는다.

그래서일까.

행복한 사람들은 '자유자재형 인간'이다.

자유자재형 인간들은

자기의 감정에 충실하고,

자기의 생각을 솔직하게 표현한다.

그들은 '해야만 하는 일'을

'하고 싶은 일'로 만든다.

행복을 추구하는 과정은

스스로를 자유자재형 인간으로

만들어가는 과정이다.

의미의 성공

욕망을 충족시키기 위해 일하는 사람도 있고
의미를 얻기 위해 일하는 사람도 있다.
욕망이 생물학적이라면 의미는 문화적이다.
욕망이 현재적이라면 의미는 회고적이고,
욕망이 즉각적이라면
의미는 과거와 현재와 미래를 연결하는 긴 과정이다.

욕망과 달리 의미는 일의 말미에서야 찾아온다.
생의 마지막 순간에 흘리는 참회의 눈물처럼
시간의 끝자락에서 발견되는 의미는
그전까지의 쾌락과 욕망과 이기심을 용서해준다.
그러나 그렇다고 해서 과거의 모든 잘못이
정당화되지는 않는다.

자신의 성공을 의미 있는 것으로 만드는 데

성공했다고 해서

성공하기 위해 저질렀던 불의가

정당화되는 것은 아니다.

많은 사람들이 성공하는 것에만 집착하는 이유는

성공한 후에 자신의 성공을 의미 있는 것으로

포장할 수 있다고 믿기 때문이다.

성공을 의미 있게 포장하는 것도 좋지만

'의미의 성공'이 더 좋다.

부의 성장, 지위의 상승만이 아닌

의미의 성장에 관심을 가져야 한다.

대충대충 성공한 이후에 의미의 왕관을 수여하는

화려한 의식을 치르지 않는 자,

과정 자체에서 의미를 키워나간 자, 그가 행복 천재다.

농담은 관계의 척도

농담은 관계의 척도다.

상대의 짓궂은 장난에 너털웃음을 터뜨린다면

그가 던진 농담에 미소 짓는다면

두 사람은 친해진 것이다.

짓궂게 구는 행위는

호감의 시작이면서 호감의 완성이다.

농담이 어색해지고

더 이상 장난이 통하지 않는다면

관계에 위험 신호가 켜졌다는 뜻이다.

사람과 사람이 서로 장난치며 친해지듯

나 자신에게도 장난을 쳐야 한다.

내 삶을 바라보는

장난기 가득한 시선과

한마디의 농담이 필요하다.

스스로 늘 엄격하고 진지한 사람,

장난기 하나 없이 삶을 대하는 사람에게는

행복이 끼어들 틈새가 거의 없다.

살면서 부딪히는 수많은 문제를

시련으로 받아들이는 것과

농담처럼 웃어넘기는 것 사이에는

커다란 간극이 존재한다.

힘들고 지칠 때마다

잠시 멈춰 서서 삶을 향해 한마디 툭,

농담을 던질 수 있다면

당신은 여전히 삶과 친한 것이다.

농담과 장난기

죽을 때까지 잃지 말아야 할 행복 비결이다.

반전의 행복

골리앗이 다윗을 이겼더라면

우리의 관심을 끌 이야깃거리도 되지 않았을 것이다.

0:7로 끌려가던 팀이 그대로 패배했더라면

8:7이라는 케네디 스코어는 생겨나지 않았을 것이고,

'끝나기 전까지는 아직 끝난 게 아니다'라는

요기 베라의 명언도 없었을 것이다.

반전은 평범한 이야기를 극적으로 바꿔준다.

우리의 삶도 그렇지 않을까?

반전이 있는 삶에 우리는 열광한다.

가장 부자가 가장 행복하고,

가장 예쁜 사람이 가장 행복하고,

가장 건강한 사람이 가장 행복하다면
인생은 별 재미가 없다.

신은 세상을 만들면서
곳곳에 반전의 씨앗을 심어놓았다.
가난한 사람이 부자보다 더 행복할 수 있고,
아픈 사람이 건강한 사람보다 즐거울 수 있고,
평범한 사람이 누구보다 비범한 삶을 살 수도 있다.
학자들은 이를 '웰빙의 역설'이라고 부른다.

행복에 단 하나의 원인이 존재한다면
이 역설은 존재하지 않는다.
행복을 결정하는 원인이 다수라는 점이
반전을 만들어내는 이유다.
한 가지 원인에서 뒤진 사람도
다른 원인에서는 앞설 수 있기 때문이다.

행복의 조건이 많다고 믿는 사람이

행복의 조건이 하나라고 믿는 사람보다

더 행복한 이유다.

행복 천재들에게 늘 여유가 있는 데는

그만한 이유가 있다.

삶에 밑줄 치기

소소한 즐거움이 필요할 때 종이책을 펼쳐본다.

책장을 넘길 때의 촉감과

바스락바스락 낙엽 같은 소리가 좋다.

마음에 쏙 드는 구절,

가슴을 저미게 하는 문장,

뒤통수를 치는 단어를 만날 때는 밑줄을 친다.

밑줄을 치는 순간

수동적인 독자에서 능동적인 독자로 거듭난다.

세상이라는 거대한 종이책에도

밑줄을 치고 싶은 순간이 있다.

마음에 쏙 드는 사람,

경외감을 일으키는 풍경,

영감을 주는 작품.

삶에 밑줄을 치는 행위를

심리학에서는 '음미하기(savoring)'라고 부른다.

마음의 저장고에 오래오래 보관한다(save)는 뜻이다.

음미하기는

세상을 만끽하는 최고의 방법이다.

삶을 마치기 전 마지막 침대에서

사랑하는 가족들과
와인 한 잔 하는 꿈을 꾼다.

재미있었어!
너희 때문에 너무너무 좋았어!

이런 작별을 할 수 있다면
삶의 마지막에 누리는
최고의 행복이 아닐까?

오늘이 마지막일 수도 있으니
매일매일 이런 마음으로 살 수밖에 없겠다.

KI신서9800

아주 보통의 행복

1판 1쇄 인쇄 2021년 7월 7일
1판 14쇄 발행 2024년 11월 13일

지은이 최인철
펴낸이 김영곤
펴낸곳 ㈜북이십일 21세기북스

인문기획팀장 양으녕 **인문기획팀** 이지연 서진교 노재은 김주현
디자인 this-cover.com
출판마케팅팀 한충희 남정한 나은경 최명열 한경화
영업팀 변유경 김영남 강경남 황성진 김도연 권채영 전연우 최유성
제작팀 이영민 권경민

출판등록 2000년 5월 6일 제406-2003-061호
주소 (10881)경기도 파주시 회동길 201(문발동)
대표전화 031-955-2100 **팩스** 031-955-2151 **이메일** book21@book21.co.kr

ⓒ 최인철, 2021
ISBN 978-89-509-9643-7 03320

(주)북이십일 경계를 허무는 콘텐츠 리더

21세기북스 채널에서 도서 정보와 다양한 영상자료, 이벤트를 만나세요!
페이스북 facebook.com/jiinpill21   포스트 post.naver.com/21c_editors
인스타그램 instagram.com/jiinpill21   홈페이지 www.book21.com
유튜브 youtube.com/book21pub

서울대 **가**지 않아도 들을 수 있는 **명강**의! <서가명강>
유튜브, 네이버, 팟캐스트에서 '서가명강'을 검색해보세요!